令和6年度版
# 固定資産税における
# 償却資産の申告と実務

償却資産実務研究会

# はしがき

　固定資産税は、市町村税収の約４割を占めており、市町村民税と並んで市町村財政を支える大きな財源となっています。このうち、償却資産に係る税収は、全国的に見ると固定資産税全体の２割程度にすぎませんが、市町村によっては税収に占める割合が高いところもあり、これらの市町村にとっては重要な財源となっています。

　その一方、市町村の財政運営に与える影響を極力抑制するよう対象を限定したうえで、経済政策を考慮した特例措置も創設されています。

　その一つに、物価上昇等の経済状況を踏まえた、中小事業者等の生産性の向上や賃上げの促進に資する機械・装置等の償却資産導入に係る特例措置があり、令和５年度からの適用が始まっています。

　償却資産の評価・課税については、地方税法及び固定資産評価基準に定められていますが、資産の把握が困難なことから、所有者に資産の申告義務が課せられています。

　しかし、償却資産の申告対象となる事業に供される資産は、広範囲で、かつ、複雑なものとなっており、また、法人税法、所得税法等の国税との関連もあり、納税者及び市町村の担当者は、ともにその仕組みを十分に理解しておく必要があります。

　本書は、永年実務に携わった経験者が、償却資産申告書の記載方法を中心に、リース資産や特定附帯設備の取り扱い、そして近年増加してきている電子申告について、理解しやすく、すぐに役立つ解説書として作成しました。

　皆様の実務の一助としてご活用いただければ幸いです。


　　　　令和５年10月

　　　　　　　　　　　　　　　　　　　償却資産実務研究会

# 凡　例

　文中、参照法令等については、特に必要がない限り、次のとおり略式に記載しています。

地方税法　……………………………………………………………　法
地方税法施行令　………………………………………………　法施行令
地方税法施行規則　…………………………………………　法施行規則
地方税法の施行に関する取扱について(市町村税関係)……取扱通知(市)
固定資産評価基準　……………………………………………　評価基準
減価償却資産の耐用年数等に関する省令　………………　耐用年数省令

# 目　次

# 第2章　償却資産申告書の作成方法

## 関係法令

# 第1章
# 償却資産の申告

# 第1節　固定資産税における償却資産

## 1　固定資産税の課税客体となる償却資産

　固定資産税の課税客体は、土地・家屋・償却資産に分類されます。土地及び家屋は、どのような用途に使っていようと、所有していれば固定資産税が課税されますが、償却資産は、事業に使用しているものに限って固定資産税が課税されます。したがって、納税義務者の数も土地・家屋に比べて格段に少なく、固定資産税の中では一般にあまり知られていない分野となっています。

　固定資産税の課税客体となる償却資産は、税務会計における「減価償却資産」と必ずしも一致するわけではなく、様々な条件が設けられています。

　固定資産税の課税客体となる償却資産には、次のような要件が定められています（法第341条第4号）。

①　土地及び家屋以外の事業の用に供することができる資産であること。

②　無形減価償却資産でないこと。

③　減価償却額又は減価償却費が法人税法又は所得税法の規定による所得の計算上損金又は必要な経費に算入されるもの（これに類する資産で法人税又は所得税を課されない者が所有するものを含む。）であること。また、その取得価額が少額である資産その他の政令で定める資産（法施行令第49条参照）以外のものであること。

④　自動車税（種別割）、軽自動車税（種別割）の課税客体である自動車、原動機付自転車、軽自動車、小型特殊自動車及び二輪の小型自動車以外のものであること。

　その他、牛、馬、果樹その他の生物も固定資産税の課税客体から除外されています。ただし、観賞用、興行用その他これらに準ずる用途に供している生物については、固定資産税の課税客体となります（取扱通知(市)第3章第1節第1、5）。

表：自動車の種別（道路運送車両法施行規則別表第1）

| 自動車の種別 | 自動車の構造及び原動機 | 自動車の大きさ | | |
|---|---|---|---|---|
| | | 長さ | 幅 | 高さ |
| 普通自動車 | 小型自動車、軽自動車、大型特殊自動車及び小型特殊自動車以外の自動車 | | | |
| 小型自動車 | 四輪以上の自動車及び被けん引自動車で自動車の大きさが右欄に該当するもののうち軽自動車、大型特殊自動車及び小型特殊自動車以外のもの（内燃機関を原動機とする自動車（軽油を燃料とする自動車及び天然ガスのみを燃料とする自動車を除く。）にあっては、その総排気量が2.00リットル以下のものに限る。） | 4.70メートル以下 | 1.70メートル以下 | 2.00メートル以下 |
| | 二輪自動車（側車付二輪自動車を含む。）及び三輪自動車で軽自動車、大型特殊自動車及び小型特殊自動車以外のもの | | | |
| 軽自動車 | 二輪自動車（側車付二輪自動車を含む。）以外の自動車及び被けん引自動車で自動車の大きさが右欄に該当するもののうち大型特殊自動車及び小型特殊自動車以外のもの（内燃機関を原動機とする自動車にあっては、その総排気量が0.660リットル以下のものに限る。） | 3.40メートル以下 | 1.48メートル以下 | 2.00メートル以下 |
| | 二輪自動車（側車付二輪自動車を含む。）で自動車の大きさが右欄に該当するもののうち大型特殊自動車及び小型特殊自動車以外のもの（内燃機関を原動機とする自動車にあっては、その総排気量が0.250リットル以下のものに限る。） | 2.50メートル以下 | 1.30メートル以下 | 2.00メートル以下 |
| 大型特殊自動車 | 一　次に掲げる自動車であって、小型特殊自動車以外のもの<br>イ　ショベル・ローダ、タイヤ・ローラ、ロード・ローラ、グレーダ、ロード・スタビライザ、スクレーパ、ロータリ除雪自動車、アスファルト・フィニッシャ、タイヤ・ドーザ、モータ・スイーパ、ダンパ、ホイール・ハンマ、ホイール・ブレーカ、フォーク・リフト、フォーク・ローダ、ホイール・クレーン、ストラドル・キャリヤ、ターレット式構内運搬自動車、自動車の車台が屈折して操向する構造の自動車、国土交通大臣の指定する構造のカタピラを有する自動車及び国土交通大臣の指定する特殊な構造を有する自動車<br>ロ　農耕トラクタ、農業用薬剤散布車、刈取脱穀作業車、田植機及び国土交通大臣の指定する農耕作業用自動車<br>二　ポール・トレーラ及び国土交通大臣の指定する特殊な構造を有する自動車 | | | |
| 小型特殊自動車 | 一　前項第1号イに掲げる自動車であって、自動車の大きさが右欄に該当するもののうち最高速度15キロメートル毎時以下のもの | 4.70メートル以下 | 1.70メートル以下 | 2.80メートル以下 |
| | 二　前項第1号ロに掲げる自動車であって、最高速度35キロメートル毎時未満のもの | | | |

**Q.** 家庭用の家具類や電気機器等をリースしている場合、償却資産の課税客体になるのか。

**A.** リース業者がリースしている資産については、リース先で事業用に使用されるか否かを問わず、償却資産として固定資産税の課税客体になります。

**Q.** 国内の事業者が国外に所有する償却資産は、固定資産税の課税客体になるのか。

**A.** 賦課期日を含み1年以上の長期にわたり国外に所在する償却資産については、固定資産税の課税客体とはなりません。

## 2　償却資産の種類

　固定資産税の課税客体となる償却資産の種類は、「構築物」、「機械及び装置」、「船舶」、「航空機」、「車両及び運搬具」、「工具、器具及び備品」に分類されます（法施行規則第26号様式〔償却資産申告書（償却資産課税台帳）〕）。

　税務会計においては、確定申告書に添付する減価償却に関する明細書の資産の種類は、耐用年数省令別表に定められている資産の種類に従うこととされているため、資産の種類を「建物」、「建物附属設備」、「構築物」、「船舶」、「航空機」、「車両及び運搬具」、「工具」、「器具及び備品」（以上、別表第1）、「機械及び装置」（別表第2）に分類しています。

　また、企業会計においても、一般的に耐用年数省令に従って資産が分類され、減価償却が行われています。

　償却資産申告書においても、基本的には税務会計に合わせて資産の種類が

設けられていますが、税務会計の「建物」と「建物附属設備」については、固定資産税では、原則として「家屋」で評価・課税されるため、償却資産の種類にはありません。

　しかし現実には、企業会計上、建物又は建物附属設備として分類されているものの中にも、受変電設備のように償却資産の課税客体となるものもあります。

　そのため、企業会計及び税務会計において、建物又は建物附属設備として分類されている償却資産の課税客体となる設備等を申告する場合には、「構築物」として申告することになります。

**償却資産の種類と具体例**

下の表は償却資産の対象となる主な資産の例示です。

| 資産の種類 | | 主な償却資産の例示 |
|---|---|---|
| 1 構築物 | 構築物 | 舗装路面、庭園、門・塀、緑化施設の外構工事、看板（広告塔等）、ゴルフ練習場設備等 |
| | 建物附属設備 | 受変電設備、予備電源設備、中央監視設備、電力引込設備、ＬＡＮ設備等 |
| 2 | 機械及び装置 | 各種製造設備等の機械及び装置、クレーン等建設機械、機械式駐車場設備（ターンテーブルを含む）等 |
| 3 | 船舶 | ボート、釣船、漁船、遊覧船等 |
| 4 | 航空機 | 飛行機、ヘリコプター、グライダー等 |
| 5 | 車両及び運搬具 | 大型特殊自動車（分類番号が「0、00から09及び000から099」、「9、90から99及び900から999」の車両） |
| 6 | 工具、器具及び備品 | パソコン、陳列ケース、看板（ネオンサイン）、医療機器、測定工具、金型、理容及び美容機器、衝立、ルームエアコン、応接セット、レジスター、自動販売機等 |

## 3　課税標準

　「課税標準」とは、税額を算出する上で基準となる課税対象の価格や数量を表す言葉ですが、償却資産に対して課する固定資産税の課税標準は、賦課期日における当該償却資産の価格で、償却資産課税台帳に登録されたものとされています（法第349条の2）。

　土地と家屋については、基準年度の制度があり、3年に一度、基準年度ごとに評価替えが行われますが、償却資産については、企業の帳簿価額や税務計算上の簿価に準拠するため、毎年評価を行うことが比較的容易であることから基準年度の制度がなく、毎年度価格の算定が行われます。

## 4　税率

　固定資産税の税率は、標準税率を100分の1.4としています（法第350条第1項）。

　地方税法では、税率についてその税目の性格等に応じ、標準税率、制限税率、一定税率及び任意税率の4つの方式を定めていますが、固定資産税については標準税率を採用しています。

　標準税率とは、地方団体が課税する場合に通常よるべき税率であって、地方団体はその財政上特別の必要がある時はこれと異なる税率を定めることができます。

　したがって、具体的な税率は市町村ごとに条例で定めることになりますが、東京都特別区をはじめ多くの市町村は標準税率を採用しています。

## 5　免税点

　免税点とは、課税標準額が一定額未満のものを課税しないことによって、

費用対効果の観点から徴税の合理化を図る制度です。

　償却資産にあっては、さらに零細企業の税負担を緩和する趣旨を含んでいます。

　固定資産税では、固定資産税の課税標準となるべき額が土地は30万円、家屋は20万円、償却資産にあっては150万円に満たない場合には固定資産税を課税することができません（法第351条）。

　したがって、課税標準となるべき額から一定額を控除した額をもって課税標準額とするような、いわゆる基礎控除等の制度とは異なります。

　免税点は、市町村ごとに同一の納税義務者が所有する固定資産について、土地・家屋・償却資産それぞれの固定資産税の課税標準となるべき額の合計額によって適用されます。そのため、市町村ごとに同一の納税義務者について名寄せを行って判断します。

　なお、東京都の特別区及び地方自治法第252条の19第1項に規定する「指定都市」の区については、一つの市とみなして免税点の規定が適用されます（法第737条）。

(注)　指定都市（令和4年7月現在）

　　札幌市、仙台市、さいたま市、千葉市、川崎市、横浜市、相模原市、新潟市、静岡市、浜松市、名古屋市、京都市、大阪市、堺市、神戸市、岡山市、広島市、北九州市、福岡市、熊本市

　なお、財政上その他特別の必要がある場合には、免税点に満たないときでも、条例の定めるところによって、固定資産税を課税することができるとの例外規定が設けられています（法第351条ただし書き）。

## 6　賦課期日

　固定資産税においては、課税対象資産及びその資産に対する当該年度の価格や納税義務者を確定するため、賦課期日制度が採用されています。

　賦課期日とは、課税要件を確定するための日をいい、固定資産税においては、当該年度の初日の属する年の1月1日を賦課期日としています（法第359条）。

　固定資産税の賦課期日を1月1日としている主な理由は次のとおりです。

①　年の初日であって一般に固定資産の移動が少なく、課税要件を確定するのが便利であること。

②　年度当初に課税を行うには、賦課期日以後の固定資産の調査、価格の決定等の手続きのため相当の期間を必要とすること。

　以上のことから、償却資産にあっては、賦課期日において所有する資産が当該年度の課税客体となり、その資産が所在する市町村に申告することになります。

## 7　納税義務者

　固定資産税は、原則としてその年の1月1日（賦課期日）現在における固定資産の所有者に課税されます（法第343条）。

　所有者課税を採用している主な理由は次のとおりです。

①　固定資産税は財産税であり、固定資産を所有する者を納税義務者とすることはごく自然な発想であること。

②　固定資産税は、当該固定資産の使用収益により負担されることが多いため、当該固定資産を使用収益する者を納税義務者とすべきであり、通常その者は所有者と考えられること。

　固定資産税における所有者とは、土地については土地登記簿又は土地補充課税台帳に、家屋については建物登記簿又は家屋補充課税台帳にそれぞれ登記又は登録されている者をいい、償却資産については償却資産課税台帳に登録されている者をいうとされています。

# 3　課税団体

　固定資産税は市町村税とされているので、一般の償却資産の課税団体は、その償却資産が所在する市町村になります（法第342条第1項）。

　ただし、東京都特別区においては、特例により東京都が固定資産税の課税団体となっています（法第734条第1項）。

　また、船舶、車両、航空機等のように各地を移動して使用される資産については、所在地が一定していないため、総務大臣が指定する移動性・可動性償却資産（法第389条第1項第1号）を除いて、その主たる定けい場又は定置場が所在する市町村が課税団体となります（法第342条第2項）。

　㊟　主たる定けい場又は定置場については、第5節2（2）参照。

# 第２節　償却資産の申告

## 1　申告の必要性

　固定資産税は、賦課税目ですので、土地・家屋と同様、償却資産も各市町村が資産を確定し評価を行い、課税することになりますが、土地・家屋と異なり、登記制度がないため、課税客体となるべき資産やその所有者を把握することが非常に困難です。

　そのため、申告制度を設け、資産や所有者の把握を行っています。

## 2　申告義務

　償却資産の所有者は、法施行規則第26号様式（31ページ参照）に、毎年１月１日現在で所有する償却資産の所在、種類、数量、取得時期、取得価額、耐用年数、見積価額その他償却資産課税台帳の登録及び価格の決定に必要な事項を記載し、１月31日までにその償却資産の所在地の市町村長に申告することが義務付けられています（法第383条）。

> **Q.** 個人事業者として雑貨店を営んでいるが、店が小さいことから、所有している償却資産の取得価額の合計額は100万円しかない。申告しても免税点未満になり、税額は発生しないと思われるが、それでも償却資産の申告は必要なのか。
>
> **A.** 免税点未満であっても、賦課期日に償却資産を所有していれば、法第383条の規定により申告が必要となります。

# 第3節　償却資産の申告義務者

## 1　通常の償却資産の申告義務者

　償却資産の申告については、通常の場合、固定資産税の納税義務がある償却資産の所有者が行うこととされています（法第383条）。

　また、道府県知事若しくは総務大臣が評価すべき償却資産（法第389条第1項）、道府県知事が指定した償却資産（法第742条第1項・第3項）についても、固定資産税の納税義務がある償却資産の所有者に申告義務を課しています（法第394条、第745条）。

## 2　みなし所有者による申告

　地方税法には、所有者課税の原則を貫くことが不合理となる場合、固定資産の所有者以外の者を所有者とみなして納税義務者とする制度、いわゆる「みなし所有者制度」が設けられています（法第343条第4項〜第10項）。

　償却資産の申告も、次のような場合には、みなし所有者が行うことになります。

### （1）所有権留保付売買資産

　　所有権留保付売買資産とは、売買が行われた場合に、売主が買主から売買代金の全部又は一部の支払いを受けるまで、その目的物の所有権を売主に留保しておく契約が締結されている資産をいいます。

　　売買において売主が所有権を留保している契約の代表的なものとして、所有権留保付割賦販売があります。

　　所有権留保付売買に係る償却資産については、買主が事業の用に供する場合に限り課税客体となり、所有者に課税するという固定資産税の本来の

建前からすれば、売主に課税されることになります。

　しかし、所有権留保の主な目的が販売代金債権の担保にあること、税務会計で買主がその償却費を損金の額に算入することを認めていること、一般的に買主が固定資産税を負担していること等から、所有権留保付売買に係る償却資産については、所有者課税の原則を貫きながら、買主に対しても固定資産税を課税することができるよう、その償却資産を売主と買主の共有物とみなしています（法第342条第3項）。

　すなわち、所有権留保付売買に係る償却資産の所有権は、契約上は売主にありますが、固定資産税については当該資産が売主と買主の共有物とみなされる結果、売主と買主が連帯して納税する義務を負うことになります（法第10条の2第1項）。

　また、必ずしも契約書に売買である旨が明記されている必要はなく、外見上は賃貸借契約であっても、契約期間終了後にその償却資産を借主に無償譲渡することになっている場合のように、実質的に所有権留保付売買とみなされるものについても、同様に連帯納税義務を負うことになります。

　このように市町村は、法の規定により売主及び買主に対し、納税通知書の送付等を行うことができますが、割賦販売の場合等にあっては、社会一般の納税意識に合致するように、原則として買主に対して課税し、申告についても、原則として買主が行うよう取り扱われています。(取扱通知(市)第3章第1節第1、10)

（2）災害等によって所有者の所在または存在が不明な場合の納税義務者

　固定資産の所有者の所在が震災、風水害、火災その他の事由により不明である場合や、相当な努力が払われたと認められるものとして政令で定める方法により探索を行っても固定資産の所有者の存在が不明である場合には、現実にその固定資産を使用収益する使用者を所有者とみなして課税することができます（法第343条第4項、第5項。取扱通知（市）第3章第1節第2、11）。

## （3）信託償却資産

　信託償却資産とは、鉄道車両、船舶等の製造会社が鉄軌道事業者、海運業者等にこれらの償却資産を売り渡す場合、法律的に信託会社にこれらを信託し、信託会社は形式的に所有権を取得して代金の回収を終了した後、使用者に所有権を移転するものです。

　固定資産税における納税義務者は、原則として固定資産の所有者とされ、その償却資産を所有する者が申告を行うこととなりますが、信託会社（信託業務を兼営する銀行を含む。）が、その信託行為の定めるところに従い、譲渡することを条件として第三者に信託の引受けをした償却資産を賃貸し、かつ、この賃借人がこれを事業の用に供している場合には、この賃借人が固定資産税の納税義務者である所有者とみなされます（法第343条第9項）。

　鉄道車両等の製造会社から信託会社がこれらの資産の信託を受け、鉄道事業者等に将来の譲渡を条件として賃貸している場合、これらの資産は、信託会社の本来の事業の用に供しているものであり、所有者である信託会社に課税すべきものです。

　しかし、実際には借受者である鉄道事業者等が鉄道車両等の代金を一時に支払うことが困難であるため、金融の必要上、信託会社が形式的に所有権を取得し、代金の完済を待って鉄道事業者等に所有権を移転することとしています。

　したがって、これらの償却資産の実質的な収益は、むしろ現に使用収益し、究極的にその所有権を取得することとなる借受者に帰属するものと考えられます。

　このような実態から、信託に係る償却資産については、最終的に所有権を取得する借受者がその事業に供している限り、その借受者を所有者とみなして、その信託に係る償却資産の納税義務者としているものです（取扱通知(市)第3章第1節第2、13）。

　なお、借受者が最終的に所有権を取得しない信託の場合には、所有者で

ある信託会社が納税義務者になります。

（4）家屋の附帯設備

　　店子が借りている家屋に取り付けた内壁・天井・床等の附帯設備で、家屋の主体構造部と一体不可分となっているものについては、民法第242条（不動産の付合）の規定により、家屋の所有者に帰属することになります。

　　したがって、店子が付加した家屋の附帯設備で、この要件を備えたものについては、固定資産税においても「家屋」に含めて評価・課税されることになります。

　　しかし、平成16年度の地方税法の一部改正において、家屋の所有者以外の者が取り付け、付合により家屋の所有者が所有することになった附帯設備で、取り付けた者の事業の用に供することができるものについては、取り付けた者をその資産の所有者とみなし、償却資産として固定資産税を課することができる措置が講じられたため、この制度を採用している市町村においては、事業の用に供する資産を取り付けた店子が所有者とみなされ、その資産の申告義務者となります（法第343条第10項）。

　※　詳細については、第3章第4節2（2）から（4）参照。

## 3　リース資産

　「リース」とは、本来賃貸借を意味する言葉で、不動産や動産を他人に使用させる契約をいいますが、現在では「企業が必要とする機械設備等をリース会社が企業に代わって取得し、比較的長期にわたって一定の料金を受け取ることを条件に、取得した物件を企業に賃貸すること」と狭義に解されています。このようなリース取引の形態を「ファイナンス・リース」といいます。

　日本のリース契約の大半は、所有権をリース会社に残したままリースを行う「所有権移転外ファイナンス・リース」ですが、平成19年に「リース取引による会計基準（リース会計基準）」が改正され、平成20年4月1日以後

の事業年度から、所有権移転外ファイナンス・リースに係る取り扱いを国際的な会計基準に合わせて、原則として売買処理を行うようになりました。

それに伴い、法人税及び所得税における取り扱いも、平成20年4月1日以後に締結されたリース契約に係るファイナンス・リースについては、すべて売買取引とみなすこととされました。

しかし、その所有権はリース会社に留保されており、所有者に課税することとされている固定資産税においては、リース会計基準や法人税及び所得税の取り扱いが変更されても、所有権を有しているリース会社等が納税義務者であることに変わりはありません。

したがって、所有権移転外リース資産の申告義務者は、リース会社になります。

ただし、下記のリース取引については、法人税法及び所得税法において実質的に売買があったもの（所有権移転リース）として取り扱っています。

これらのリース取引については、固定資産税においても所有権移転があったものとして、賃借人が申告義務者になります。

①　リース期間の終了時又は中途において、無償又は名目的な対価で借主（賃借人）に譲渡されるもの

②　リース期間の終了時又は中途において、著しく有利な価額で買い取る権利が借主に与えられているもの

③　使用可能期間中、当該借主のみによって使用されると見込まれるもの又はリース資産の識別が困難であると認められるもの

## 4　共有資産

民法上は、共有物に係る債務はその持ち分に応じて各債務者が個別に負担することとされていますが、地方税法では租税の確保を図るため、「共有物、共同使用物、共同事業、共同事業により生じた物件又は共同行為に対する地方団体の徴収金は、納税者が連帯して納付する義務を負う。」と規定してい

ます（法第10条の２第１項）。

　したがって、固定資産税においては、納付について連帯納税義務者間で特約があったとしても、共有物として課税されることになります。

　償却資産の申告においても、共有物については、単独名義の申告とは別に「代表者（筆頭者）外○名」という所有者名での申告が必要となります。

　また、共有者の人数は同じでも共有者の内訳が異なる場合には、別の申告書を提出する必要があります。

　種類別明細書にも共有物を一の資産として記載し、その取得価額は各共有者の持分の取得価額の合算額になります。

　納税通知書は、通常、申告書記載の筆頭者宛てに送付されます。

# 第4節　償却資産の申告方法

## 1　一般方式

　各市町村では、法施行規則第26号様式で定められた「償却資産申告書（償却資産課税台帳）」「種類別明細書（増加資産・全資産用）」「種類別明細書（減少資産用）」に基づき、申告書の様式を作成しています。

　これらの様式は、毎年申告時期に合わせて継続的に申告している納税義務者宛てに送付されますが、新たに申告を行う事業者のために各市町村の窓口でも配布しています。

　この様式を用いて行う申告を「一般方式」と呼んでいます。

## 2　電算処理方式

　資産件数が膨大であったり、申告すべき市町村が多数ある企業では、独自にコンピュータによる資産管理システムを開発し、申告書作成ソフトと連動させて償却資産の申告を行っています。

　各市町村では、一定の条件を満たしていることを条件に、このような企業が開発した申告書作成ソフトに組み込まれた償却資産申告書のフォーマットによる申告を認めています。

　この申告方法を認めるに当たっての条件は、市町村により異なりますが、東京都特別区の場合を例にとりますと、次に掲げる条件を前提に認めています。

① 種類別明細書は、毎年度の増加・減少のみならず、同一区に所在するすべての資産を記載して提出すること。

② 種類別明細書には、資産ごとの評価額及び課税標準額を記載すること。

③ 評価額の計算に当たっては、前年度評価額を基礎とする方法を採用す

ること。

④　減価残存率の端数処理は、小数点以下第4位を四捨五入すること。

⑤　耐用年数に応ずる減価率は、評価基準の別表第15によること。

　市販のソフトによる申告についても、当該市町村に所在する全資産を申告していること、それらの資産の評価額及び課税標準額を算定していること、基本的な評価額の算出方法が誤っていないこと等を確認したうえで、各市町村では電算処理方式による申告と認めています。

# 3　電子申告

　電子申告は、自宅やオフィスなどからインターネットを経由して地方税の申告手続を行うシステムで、正式名称は「地方税ポータルシステム」、通称「eLTAX（エルタックス）」と呼ばれています。

　地方共同機構がシステムの運営、開発を行っていますが、固定資産税（償却資産）についても申告手続きが可能です。

　この方法を利用して申告を行うためには、利用者IDやeLTAX対応ソフトウェアを取得するなど一定の手続きが必要になります。

　電子申告の手続きについては、eLTAXのホームページに詳細が記載されています。

（1）利便性

　　これまで、複数の市町村に申告手続を行う場合は、作成した申告書をそれぞれの窓口に提出する必要がありましたが、電子申告では、同じ窓口（eLTAXポータルセンタ）に送信すれば、そこで受付処理が行われ、提出先となる複数の地方公共団体へ送信されます。

　　ただし、申告データは、提出先の各地方公共団体ごとに作成する必要があります。

　　eLTAXポータルセンタには、送信した申告データ等の受付結果や地方公共団体からのお知らせ等様々なメッセージが格納されるので、それらのメッセージから送信済みの申告データ等の内容を確認することもできます。


（2）電子申告の手続

①　初めてeLTAXを利用する場合には、eLTAXのホームページ（PCdesk（WEB版））から「利用届出（新規）」を行い、利用者IDを取得します。すでにeLTAXの別のサービスを利用するために利用者IDを取得している場合は、その利用者IDをそのまま利用できます。

　　この利用者IDを取得するためには、e-mailアドレス、電子証明書が必要です。

　　なお、税理士等の代理人に申告を依頼する場合には、利用届出及び申告データに代理人となる税理士等の電子証明書を添付することになりますので、納税者の電子証明書の取得は不要となります。

②　利用者IDを取得した後、ポータルシステムから申告データを作成・送信するためのeLTAX対応ソフトウェア（PCdesk等）を取得します。

　　電子申告を利用するには、提出先となるすべての地方公共団体に対して対象税目を届け出る必要があるため、新たに届出を行う場合は、上記のeLTAX対応ソフトウェアを使用して「利用届出（変更）」を行います。

③　eLTAX対応ソフトウェアを使用して申告データの作成を行います。

④　利用届出においてeLTAXポータルセンタに登録した電子証明書を使用し、電子署名を添付して申告データを送信します。

　　なお、登録されていない電子証明書を添付した場合には、エラーの状態で地方公共団体に提出されてしまいますので、注意が必要です。


（3）代理申告

　　税理士や税理士法人等が関与先納税者の代理申告を行うことができます。

　　代理申告のみを行う代理人は、主に申告書等を提出する地方公共団体に

対して一度だけ利用届出（新規）を行い、自身の利用者IDを取得します。

　利用者IDを一つ取得すれば、利用届出を提出していない他の地方公共団体に対しても代理行為を行えるようになります。

　ただし、この場合、関与先納税者については、それぞれが利用者IDを取得し、提出先の地方公共団体に申告税目の利用届出を行っていることが条件となります。

　なお、代理人が自己の所有資産について申告を行う場合は、納税者としての利用届出（新規）が必要になります。

（４）利用時間

　　８時30分〜 24時

　　土・日・祝日・年末年始（12/29 〜 1/3）は除く。

　　※　休日の利用日の詳細はeLTAXホームページで確認してください。

　　　　eLTAXホームページアドレス https://www.eltax.lta.go.jp/

（５）電子申告の問い合わせ先

　　電子申告の手続きや操作方法の問い合わせについては、eLTAXホームページでの「よくあるご質問」やヘルプデスクで対応しています。

　　eLTAXホームページ上「お問い合わせホーム」

　　電話　0570–081459（9：00 〜 17：00)

　　（上記の電話番号につながらない場合は　03–5521–0019)

　　土・日・祝日・年末年始（12/29 〜 1/3）は除く。

# 第5節　償却資産申告書の提出

## 1　申告対象資産

　固定資産税の課税客体となる償却資産の概要については、第1節に記載したとおりですが、各市町村に申告書を提出するに当たっては、原則としてその年度の初日の属する年の1月1日（賦課期日）現在に当該市町村に存する資産という要件が加わります。

## 2　提出先

### （1）各市町村に所在する償却資産

　「固定資産税は、固定資産に対し、当該固定資産所在の市町村において課する。」（法第342条第1項）と規定されていることから、償却資産申告書も賦課期日に資産の所在する市町村に提出することになります（法第383条）。

### （2）移動性・可動性償却資産（法第342条第2項）

　「移動性償却資産」とは、船舶、車両、航空機等のように自力によって移動することを目的とする償却資産をいいます。

　また、「可動性償却資産」とは、建設用機械、推進機のないしゅんせつ船のように他力によって移動することが可能であり、かつ、工事現場、作業場等の移動に伴ってその所在が移動する償却資産をいいます。

　これらの償却資産は常に移動しているため、賦課期日現在の所在地を確定することは非常に困難です。

　したがって、これらの資産の申告先については、法第389条第1項第1号に規定する総務大臣が指定する償却資産を除き、主たる定けい場又は主

たる定置場の存する市町村を資産所在地とみなして、当該市町村に申告するものとされています。

　「定けい場」とは、船舶が停泊する本拠をいうものであり、定けい場のうち主要なものを「主たる定けい場」といいます。

　この認定に当たっては、当該船舶の賦課期日の属する年の前年中における発着地関係、旅客輸送関係、入港回数、在泊時間の長短等の具体的事実及び資料により総合的に勘案して判断する必要があります。

　それでも主たる定けい場が不明である場合には、定けい場所在の市町村で船籍港があるものを主たる定けい場所在の市町村とみなすこととされています。

　また、「主たる定置場」とは、車両、建設機械等が通常定置される場所であり、一般的にはその車両等が日常の業務に使用される場合の本拠地的な場所をいいます。

　この認定に当たっては、車両等が使用されない場合において通常定置される場所（車庫の所在地等）や作業が終わって帰る場所（建設機械の場合、飯場、管理事務所の所在地等）等について総合的、客観的に判断する必要があります。


（3）法第389条第1項各号に規定する償却資産

　「法第389条第1項各号に規定する償却資産」とは、次のものをいいます。

①　総務省令で定める船舶、車両、その他の移動性償却資産又は可動性償却資産で二以上の市町村にわたって使用されるもののうち、総務大臣が指定するもの（第1号）

　ア　鉄道及び軌道に係る車両

　イ　索道に係る搬器

　ウ　航空機（定期航空運送事業用）

　エ　船舶

②　鉄道、軌道、発電、送電、配電若しくは電気通信の用に供する固定資

産又は2以上の市町村にわたって所在する固定資産で、その全体を一の
固定資産として評価しなければ適正な評価ができないと認められるもの
のうち総務大臣が指定するもの（第2号）

ア　鉄道及び軌道事業の用に供する償却資産（車両を除く）

イ　ガス事業に係る償却資産のうちガス導管、整圧器及びガスメーター

ウ　電気事業の用に供する償却資産

エ　道路事業の用に供する償却資産

オ　電気通信事業の用に供する償却資産

カ　天然ガスの採取及び輸送の用に供する償却資産

キ　水道又は工業用水道の用に供する償却資産

ク　索道事業に係る償却資産（搬器を除く）

ケ　送水管に係る償却資産

コ　原料運搬施設に係る償却資産

サ　その他の償却資産

　上記に掲げた償却資産については、同一道府県内における関係市町村が
2以上となる場合は道府県知事に、関係市町村が2以上の道府県に係る場
合は総務大臣に申告することになります。

## 3　提出期限

　毎年1月1日（賦課期日）現在における償却資産を、1月31日までに資
産の所在する市町村に申告することとされています（法第383条）。

# 第6節　その他の申告等に関する書類

　非課税、課税標準の特例、減免、耐用年数の短縮等が適用となる資産については、通常の償却資産申告書（法施行規則第26号様式）とは別に各市町村が条例等で定めている様式による申告、申請又は届け出が必要になります。

## 1　非課税申告書

　地方税法第348条（第2項、第4〜6項、第8項、第9項）、同法附則第14条（第1項、第2項）に規定する償却資産は、固定資産税が非課税となりますが、その適用に当たっては、各市町村が条例で定める様式による申告を義務付けています。

　申告書の提出に当たっては、法令で定める要件を満たしていることを証明するための書類（認可書、公的機関が発行する証明書等）を添付する必要があります。

## 2　課税標準の特例に係る届出書

　地方税法第349条の3（第1〜33項）、同法附則第15条、同法附則第15条の2、同法附則第15条の3に規定する償却資産は、課税標準の特例が適用され、固定資産税が軽減されます。

　各市町村では条例等で定めた様式による届出を義務付けていますが、届出書の提出に当たっては、非課税と同様に法令で定める要件を満たすことを証明する書類を添付する必要があります。

## 3　減免申請書

　地方税法第367条の規定に基づき、各市町村では条例を定め、一定の要件を備えた償却資産について固定資産税を減免しています。

　減免が適用される資産は、市町村の条例によって異なりますが、適用に当たっては、所有者の申請があった場合に限り、固定資産税の全部又は一部が免除されます。また、申請時期によって免除される税額が変わる場合があります。

　各市町村に減免対象資産を確認し、所有する償却資産に減免が適用される場合には、各市町村の定める様式で減免を申請することになりますが、申請書には、非課税、課税標準の特例と同様に要件を満たすことを証明する書類を添付する必要があります。

## 4　耐用年数の短縮等を適用した償却資産に係る届書

　法人税法又は所得税法の規定により以下の①から④の適用を受けた償却資産がある場合には、納税地を所轄する国税局長又は税務署長の承認を受けていることを証する書類の写しを添付し、各市町村が定める様式による届出を行うことが必要となります。

　これらの資産については、法人税法又は所得税法の規定による所得の計算上の取り扱いに準じて評価額が算出されます。

①　耐用年数の短縮

　　法令で定められた短縮事由によって、所有する減価償却資産の実際の耐用年数が法定耐用年数に比べて著しく（概ね10％以上）短くなる場合には、予め納税地を所轄する国税局長の承認を受けることにより、その資産の未経過使用可能期間を耐用年数として早期に償却することができます（法人税法施行令第57条、所得税法施行令第130条）。

　　国税局長の承認を受けた資産について、各市町村に届出があった場合

には、国税局長が承認した短縮耐用年数を用いて評価額の算定を行うことになります。

② 　増加償却

　　機械装置の法定耐用年数は1日当たりの平均使用時間を見積もった上で制定されていますが、その平均使用時間を超えて稼動する機械装置については償却限度額を増加させることが認められています（法人税法施行令第60条、所得税法施行令第133条）。

　　増加償却を適用するためには、適用事業年度(年)の確定申告期限までに「増加償却の届出書」を納税地を所轄する税務署長に提出していること、増加償却割合が10％以上であること等の要件を満たす必要があります。

　　増加償却が認められた機械装置について、各市町村に届出があった場合には、固定資産税の評価額の算定においても、増加償却の適用を受けた期間に係る額に増加償却割合を乗じて計算した額を、取得価額又は前年度の評価額から控除する額に加算して控除することになります。

③ 　陳腐化資産の一時償却

　　所有する償却資産が技術の進歩その他の理由によって著しく陳腐化した場合には、予め納税地を所轄する国税局長の承認を受けることにより、通常の償却の他に、当初からその承認された使用可能期間で償却していたと仮定して計算される帳簿価額まで、その事業年度に陳腐化部分の一時償却を行うことができましたが、平成23年税制改正において、陳腐化資産の一時償却の規定（旧法人税法施行令第60条の2及び旧所得税法施行令第133条の2）は廃止されました。

　　ただし、平成23年3月31日以前に開始した事業年度及び平成23年以前の各年分において、旧令の規定による承認を受けた場合のその承認に係る減価償却資産の償却限度額及び償却費の計算については、経過措置の規定により引き続き適用されます。

④　耐用年数の確認

　構築物、器具及び備品のうち、耐用年数表上のいずれの区分にも該当しない資産については、納税地を所轄する税務署長に「耐用年数の確認に関する届出書」を提出してその確認を受ければ、いずれかに類似している区分の資産の耐用年数を適用することができます（耐用年数の適用等に関する取扱通達1－1－9）。

　耐用年数の確認を受けた資産について、各市町村に届出があった場合には、固定資産税の評価額の算定において、その耐用年数を用いることになります。

# 第2章
# 償却資産申告書の作成方法

# 第1節　償却資産申告書の記載方法

　償却資産申告書については、地方税法施行規則により本表が第26号様式、所有資産等の詳細を記載する種類別明細書が同号様式別表1・2として定められています。ここでは、総務省令様式における個別の申告記載事項について、一般的な記載内容を説明します。

　なお、市町村によっては、総務省令様式に独自の拡充を施している場合や同一の事項についても求められる記載内容が異なることがありますので、実際の申告の際には、市町村で作成している「申告の手引き」等をよく確認してください。

## 1　償却資産申告書の記載事項

　償却資産申告書には、固定資産（償却資産）を所有する事業者の概要等の基本的事項と、所有資産に関する価額等の合計を記載します（31ページ参照）。

（1）基本的事項

　「1　住所（又は納税通知書送付先）」欄

　　申告時点での事業者の住所地を記載します。申告先市町村区域内の資産所在地は、「15　市(区)町村内における事業所等資産の所在地」欄に記載します。法人であれば、一般的に商業登記されている本社が所在する住所地を記載することになりますが、ここに記載する住所地は納税通知書の送付先になりますので、ビル名や方書についても、省略することなく記載します。

　　なお、支店等へ納税通知書の送付を希望する場合は、その支店等の住所地を記載します。

第 26 号様式（提出用）（用紙日本工業規格Ａ４・草色）（第 14 条関係）

令和　年度

# 償却資産申告書（償却資産課税台帳）

受付印

| 所有者 | |
|---|---|
| 1 住所（ふりがな）（又は納税通知書送付先） | （電話　　） |
| 氏名（ふりがな）（法人にあってはその名称及び代表者の氏名） | |

令和　年　月　日　　殿

※所有者コード

| 3 | 個人番号又は法人番号 | |
|---|---|---|
| 4 | 事業種目（資本金等の額） | |
| 5 | 事業開始年月 | 年　　月 |
| 6 | この申告に応答する方 | （電話　） |
| 7 | 税理士等の氏名 | （電話　） |

| 8 | 短縮前用年数の承認 | 有・無 |
|---|---|---|
| 9 | 増加償却の届出 | 有・無 |
| 10 | 非課税該当資産 | 有・無 |
| 11 | 課税標準の特例 | 有・無 |
| 12 | 特別償却又は圧縮記帳 | 有・無 |
| 13 | 税務会計上の償却方法 | 定率法・定額法 |
| 14 | 青色申告 | 有・無 |
| 15 | 市（区町村）内における事業所等資産の所在地 | |
| 16 | 借用資産（有・無） | |
| 17 | 事業所用家屋の所有区分 | 自己所有・借家 |
| 18 | 備考（添付書類等） | |

資主の名称等　①　②　③

| 資産の種類 | 取　得　価　額 | | | | 評　価　額 | 課　税　標　準　額 |
|---|---|---|---|---|---|---|
| | 前年前に取得したもの(イ) | 前年中に減少したもの(ロ) | 前年中に取得したもの(ハ) | 計((イ)-(ロ)+(ハ))(ニ) | 決定価格(※)(ホ) | 課税標準額(※)(ト) |
| 1 構築物 | 円 | 円 | 円 | 円 | 円 | 円 |
| 2 機械及び装置 | | | | | | |
| 3 船舶 | | | | | | |
| 4 航空機 | | | | | | |
| 5 車両及び運搬具 | | | | | | |
| 6 工具、器具及び備品 | | | | | | |
| 7 合計 | | | | | | |

「2　氏名（法人にあってはその名称及び代表者の氏名）」欄

　申告時点での事業者の氏名等を記載します。商店や飲食店などの店舗等を営んでいる場合は、その屋号についても記載します。

　法人の場合は、名称と代表者氏名を記載します。町会やマンション管理組合等の人格のない社団等が所有する資産を申告する場合には、法人と同様に、町会名又は管理組合名等と共に、町会長又は理事長等の氏名を記載します（法第12条）。

　個人の場合は氏名を記載します。

　共有資産について申告する場合は、「筆頭者外○名」という方法で記載します。

　なお、法人の合併・分割や個人の死亡等により、賦課期日時点では存在していた事業者が、申告時に存在しなくなるケースがあります。その場合は、合併・分割前の法人や死亡した個人等が所有していた償却資産の所有権を承継した者が申告書を提出し、氏名欄には賦課期日現在の所有者名を記載するとともに、法人の場合は承継人の名称等、個人の場合は相続人の氏名を付記します。

　　＜例＞

　・法人の場合 ⇒ 株式会社ＡＡ　代表取締役　○田　○郎

　・個人の場合 ⇒ ○田　○郎

　・人格のない社団等の場合 ⇒ ＡＡ町会　会長　○田　○郎

　・共有資産の場合 ⇒ ○田　○郎　外○名

　・法人の承継人の場合 ⇒ 株式会社ＡＡ　承継人　株式会社ＢＢ　代表取締役　○田　○郎

　・個人の相続人の場合 ⇒ ○田　○郎　相続人　○田　○子

「3　個人番号又は法人番号」欄

　市町村又は国税庁から通知された個人番号(12桁)又は法人番号(13桁)を記載します。

　※　平成27年10月５日に「行政手続における特定の個人を識別するた

めの番号の利用等に関する法律（平成25年法律第27号）」（通称「マ
イナンバー法（番号法)」）が施行されたことに伴い、地方税法施行規
則の様式が改正され、本欄が設けられました。

「4　事業種目（資本金等の額）」欄

　事業の内容を具体的に記載します（例：情報通信機械器具製造業）。事
業種目が複数ある場合は、主たる事業種目を記載します。

　資本金等の額については、資本金又は出資金の額を記載します。個人の
場合には、記載する必要はありません。

「5　事業開始年月」欄

　法人においてはその設立年月を、個人においては事業を開始した年月を
記載します。ここでいう「事業開始年月」とは、申告資産所在地の市町村
区域内において事業所等を開設した年月ということではなく、事業者とし
て最初に事業を開始した年月を記載します。

「6　この申告に応答する者の係及び氏名」欄

　市町村が申告書の内容等について照会する場合の問い合わせ先となる経
理担当等の部署・氏名と電話番号を記載します。

　次の「7　税理士等の氏名」が問い合わせ先となる場合は、7と同じ氏
名を記載します。

「7　税理士等の氏名」欄

　税理士等が関与している場合は、その所属組織・氏名（例：A会計事務
所　○田○郎）と電話番号を記載します。顧問税理士等がいない場合は、
空欄のままとします。

「8　短縮耐用年数の承認」欄

　法人税法施行令第57条第1項又は所得税法施行令第130条第1項によっ
て短縮した耐用年数を適用している申告資産の有無を記入します。

「9　増加償却の届出」欄

　法人税法施行令第60条又は所得税法施行令第133条によって増加償却を
行っている申告資産の有無を記入します。

「10　非課税該当資産」欄

　法第348条又は同法附則第14条により非課税となる申告資産の有無を記入します。

　非課税の概要については、第４章第１節「非課税」を参照してください。

　市町村によっては、非課税資産について別途申告書等を提出するよう求めているところがあります。

「11　課税標準の特例」欄

　法第349条の３又は同法附則第15条等により課税標準の特例が適用される申告資産の有無を記入します。

　課税標準の特例の概要については、第４章第２節「課税標準の特例」を参照してください。

　市町村によっては、特例資産について別途届出書等を提出するよう求めているところがあります。

「12　特別償却又は圧縮記帳」欄

　租税特別措置法等の規定による特別償却を適用している資産や、法人税法第42〜50条（外国法人の場合は同法第142条）又は所得税法第42〜44条（国内非居住者の場合は同法第165条）の規定による圧縮記帳を行っている申告資産の有無を記入します。

　なお、税務会計上で圧縮記帳を行っている資産については、法人税であれば法人税申告書の別表第13、所得税であれば所得税申告書添付の国庫補助金等の総収入金額不算入に関する明細書に記載されています。

「13　税務会計上の償却方法」欄

　申告資産について法人税又は所得税の税務会計上における減価償却方法を記入します。なお、定額法（旧定額法を含む。）と定率法（旧定率法を含む。）の両方の資産がある場合は、両方に○をします。

「14　青色申告」欄

　法人税又は所得税において青色申告を行っているか否かを記入します。

「15　市(区)町村内における事業所等資産の所在地」欄

　申告資産所在地である市町村の区域内にある事業所等の資産所在地を記載します。区域内に資産所在地が複数ある場合は、各々の資産所在地を記載します。なお、記載しきれない場合は、別紙に記載し提出します。

「16　借用資産」欄

　リース資産等の借用資産の有無を記入します。また、「有」の場合は、貸主（リース会社等）の氏名・住所を記載します。

「17　事業所用家屋の所有区分」欄

　申告資産の所在している事業所用建物の所有区分を記入します。当該建物が申告者の所有物であれば「自己所有」に、そうでない場合は「借家」に○をします。申告資産が所在している建物が複数あり、自己所有と借家のそれぞれに該当するものがある場合は、前記15で記載した所在地の該当番号を左下に記入して、所有区分の区別がつくように記載します。

　なお、区分所有建物において申告者の所有部分以外に資産が所在している場合は、借家の取り扱いとなります。

「18　備考（添付書類等）」欄

　1〜17に記載したこと以外で、申告に必要となる情報を記載します。

　情報の例としては、次のような事項があります。

・種類別明細書以外の添付書類がある場合は、その書類名
・前回申告時から住所・氏名等に異動があった場合は、異動事由（商号変更等）、異動年月日、旧住所、旧氏名など、異動に係る情報
・前回申告時以降に合併等の組織再編があった場合は、組織再編のあった年月日、合併・分割等法人名、被合併・分割等法人名など、組織再編に係る情報
・前年中に資産の増減がなかった場合は「増減なし」
・法第355条による納税管理人を定めている場合は、その住所・氏名
・償却資産を共有している場合は、共有者全員の住所・氏名
・電算処理方式による申告の場合は、資産の種類ごとの資産件数（種類

別明細書（全資産用）における行数）

「＊　所有者コード」欄

　市町村側が設定している一人別のコードを記載する欄です。その市町村に初めて申告する場合には、コードが不明なので、空欄のままとします。ただし、市町村側からコードを通知されたうえで、それを申告書等に記載するよう市町村発行の申告の手引き等で求められている場合は、そのコードを記載します。

　この記載方法については、種類別明細書（増加資産・全資産用）や、種類別明細書（減少資産用）についても同様です。


（２）取得価額

　取得価額欄には、前年前に所有していた資産、前年中に増減があった資産及び申告年の１月１日現在で申告すべき資産の取得価額合計を、資産の種類ごとに記載します。資産の種類については、第２節１（１）①を参照してください。なお、非課税資産については、償却資産の申告が必要となることから、取得価額は０円とはならず、そのまま合計金額に加えます。

「前年前に取得したもの　（イ）」欄

　基本的には、申告年の前年１月１日現在所有していた資産の取得価額合計を記載します。

「前年中に減少したもの　（ロ）」欄

　基本的には、申告年の前年１月２日から申告年の１月１日までに、当該市町村への申告対象でなくなった資産の取得価額合計を記載します。

「前年中に取得したもの　（ハ）」欄

　基本的には、申告年の前年１月２日から申告年の１月１日までに、該当市町村への申告対象となった資産の取得価額合計を記載します。

「計（（イ）－（ロ）＋（ハ））（ニ）」欄

　申告年の１月１日現在で該当市町村への申告対象となっている資産の取得価額合計を記載します。

（3）評価額・決定価格・課税標準額（電算処理方式のみ）

　評価額・決定価格・課税標準額については、電算処理方式による申告を行う場合に記載します。一般方式による申告の場合は、これらの額を市町村側で計算するため、記載する必要はありません。

　なお、第４章第１節「非課税」で説明する非課税資産については、評価額・決定価格・課税標準額ともに０円となります。

　「評価額　（ホ）」欄

　　第３章第６節の方法により算出した評価額について、資産の種類ごとの合計を記載します。

　「決定価格　（ヘ）」欄

　　前記の評価額欄に記載した額を、そのまま記載します。

　「課税標準額　（ト）」欄

　　基本的には、資産の種類１から６までに、対応する決定価格の金額を記載し、合計欄には、決定価格の合計欄の金額の千円未満を切り捨てた額を記載します。

　　ただし、申告資産の中に、第４章第２節で説明する課税標準の特例を適用している資産がある場合は、資産の種類ごとの決定価格から課税標準の特例の適用によって減額される金額の計をそれぞれ差し引き、差し引き後の金額を資産の種類ごとに記載し、それを合計して千円未満を切り捨てた額を合計欄に記載します。

# 第2節　種類別明細書の記載方法

　種類別明細書では、前年中に増加・減少した資産や、既申告資産の内容修正、賦課期日現在に所有する全資産、といった資産に係る情報を記載するものです（39、44ページ参照）。

　種類別明細書については、白紙の様式に資産の情報を記載する場合と、市町村が既申告資産の情報を印字したものに増加・減少・修正を記載する場合があります。ここでは、種類別明細書に設けられている項目について説明します。

## 1　種類別明細書（増加資産・全資産用）

　この様式は、申告方式によって、用途が異なってきます。

　一般方式の場合は、（増加資産用）として、基本的に申告年の前年1月2日から申告年の1月1日までに該当市町村への申告対象となった資産の詳細情報を記載します。

　なお、市町村によっては、前年中等に減少した資産や取得価額等の資産情報を修正する資産についても、この様式を使用しているところがあります。

　電算処理方式の場合は、（全資産用）として、申告年の1月1日現在で該当市町村への申告対象となっている全ての資産の詳細情報を記載します。

　次の「（1）　共通記載項目」については、一般方式・電算処理方式ともに記載しますが、「（2）　電算処理方式の場合のみの記載項目」については、電算処理方式の場合のみの記載となります。

　市町村によっては、電算処理方式による申告の場合でも、可能な限りということですが、（全資産用）とは別途に（増加資産用）の提出を求めています。

第 26 号様式別表一（提出用）（用紙日本工業規格Ａ４・草色）（第 14 条関係）

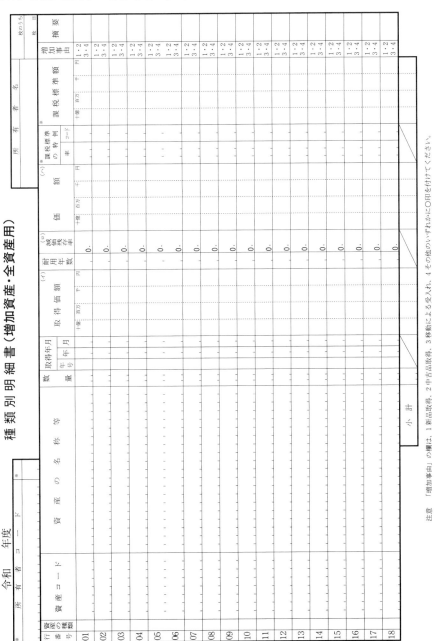

## （1）共通記載項目

### ①「資産の種類」欄

資産の種類に応じて次の数字を記載します。

構築物……１

機械及び装置……２

船舶……３

航空機……４

車両及び運搬具……５

工具、器具及び備品……６

### ②「資産の名称等」欄

資産の名称を記載します。同種の資産と区別がつくように、型番や所在地、管理部署等について名称の一部に盛り込むとよいでしょう。一般的には、企業の固定資産台帳上での資産名称を記載します。

### ③「数量」欄

資産の数量を記載します。一般的に、取得年月・取得価額・耐用年数等が同じである同種の資産は、まとめて記載します。例えば、取得価額20万円のある型番のパソコンを令和５年６月に５台取得した場合は、種類別明細書の１行に、数量５台、取得価額100万円として記載します。

### ④「取得年月」欄

取得年月を記載します。取得年月の詳細については、第３章第６節１（２）「取得年月」を参照してください。

なお、取得年月日が１月１日の場合は、便宜的に、その前年の12月を取得年月とします（例えば、令和６年１月１日に取得した資産の取得年月は、令和５年12月と記載します。）。

### ⑤「取得価額」欄

取得価額を記載します。取得価額の詳細については、第３章第６節１（１）「取得価額」を参照してください。

⑥　「耐用年数」欄

　　耐用年数を記載します。耐用年数の詳細については、第3章第6節1（3）「耐用年数」を参照してください。

⑦　「増加事由」欄

　　資産を取得した理由について、次の該当する番号に〇をします。

　1　新品取得（購入・作成等により新品を取得した場合）

　2　中古品取得（購入等により中古品を取得した場合）

　3　移動による受け入れ（新品取得ではないが、前年まで申告先市町村の区域外に所在していた資産を、前年中に申告先市町村区域内に移動させた場合）

　4　その他（1～3のどの事由にも該当しない場合）

　　　例としては、前年前取得資産の申告もれや、適格合併による受け入れ等があります。これを選んだ時は、「摘要」欄に、事情等を記載します。

⑧　「摘要」欄

　　その資産の価格の決定等に必要な特記事項を記載します。

　　一般的には、次のような事項を記載します。

・　課税標準の特例（第4章第2節「課税標準の特例」を参照）を適用している場合は、その適用条項（法附則第15条第1項など）を記載

・　耐用年数の短縮（前記第1節1（1）7を参照）や増加償却（前記第1節1（1）8を参照）を適用している場合は、その旨を記載

・　耐用年数省令改正により耐用年数を変更した場合は、その旨を記載

・　本来は前年以前に申告するべきだった資産の申告がもれていた場合は、「申告もれ分」と記載

　　＜申告もれの例＞

　　　令和4年10月取得の資産については、本来は令和5年度の申告対象だが、申告がもれたため令和6年度になって初めて申告する場合

（2）電算処理方式の場合のみの記載項目

　①「資産コード」欄

　　　独自に設定した資産コードを記載します。

　②「減価残存率」欄

　　　耐用年数欄に記載された耐用年数に応じた減価残存率を記載します。減価残存率は、耐用年数に応ずる減価率（r）を用い、次の式により算出します。

　　　　　前年中取得の資産の場合　　1 −（r／2）

　　　　　前年前取得の資産の場合　　1 − r

　　　「耐用年数に応ずる減価率」とは、評価基準別表第15に定められた率を指します。この表では、それぞれの耐用年数に応ずる減価率が定められており、その率は、耐用年数省令別表第7に定められた旧定率法の償却率と同一となっています。

　③「価額」欄

　　　その行に記載された資産の評価額を記載します。評価額の計算については、第3章第6節2を参照してください。

　④「課税標準の特例」欄

　　　記載を要するかどうかは、市町村によって異なります。記載を求められている場合は、その行に記載された資産に課税標準の特例（第4章第2節「課税標準の特例」参照）を適用しているときにのみ、「率」欄に特例率を記載することになります。「コード」欄については、記載しません。

　　　＜特例率の記載例＞

　　　　・特例率が1／2である場合は102と記載

　　　　・特例率が9／10である場合は910と記載

　⑤「課税標準額」欄

　　　その行に記載された資産の課税標準額を記載します。課税標準の特例が適用されていなければ、評価額がそのまま課税標準額となりますの

で、価額欄と同様の数字を記載します。課税標準の特例を適用している場合は、評価額に特例率を乗じて算出した額を記載します。

## 2　種類別明細書（減少資産用）

　この様式では、一般方式による申告を行う場合、前年中（場合によっては前回申告時以降）に売却したり廃棄したりして申告対象ではなくなった（減少した）資産、あるいは一行に記載されている資産の一部が減少したため取得価額を修正する必要のある資産について記載します。

　市町村によっては、既申告資産の情報を印字したものを事業者に送付し、その中で減少した資産や修正を要する資産について記載するようになっています。

　電算処理方式による申告の場合は、基本的には使用しません。ただし、市町村によっては、可能な限りということですが、（全資産用）とは別途に（減少資産用）の提出を求めています。

　①「資産の種類」欄

　　　種類別明細書（増加資産・全資産用）と同様に、資産の種類を示す数字を記載します。

　②「抹消コード」欄（「資産コード」欄）

　　　市町村で設定している資産の管理コードです。

　　　市町村から資産コードが通知されている場合は、そのコードを記載します。

　　　市町村から資産コードが通知されていない場合は、市町村に既申告資産のコードを問い合わせたうえで、記載します。

　③「資産の名称等」欄

　　　種類別明細書（増加資産・全資産用）と同様に資産の名称を記載します。

　④「数量」欄

　　　種類別明細書（増加資産・全資産用）と同様に資産の数量を記載します。

第26号様式別表二（提出用）（用紙日本工業規格A4・赤色）（第14条関係）

種類別明細書（減少資産用）

⑤「取得年月」欄

　　種類別明細書（増加資産・全資産用）と同様に取得年月を記載します。

⑥「取得価額」欄

　　種類別明細書（増加資産・全資産用）と同様に取得価額を記載します。

⑦「耐用年数」欄

　　種類別明細書（増加資産・全資産用）と同様に耐用年数を記載します。

⑧「申告年度」欄

　　申告した年度を記載します。

⑨「減少の事由及び区分」欄

　ア　減少の事由

　　　資産が減少した理由又は資産情報を修正した理由について、次の該当する番号に○をします。

　　1　売却（他者に売却したことにより、所有資産でなくなった場合）

　　2　滅失（除却・廃棄等により、資産そのものが無くなった場合。有姿除却を含む。）

　　※　有姿除却とは、資産そのものは存在するが、次の条件のどれかに当てはまる場合は、資産を除却扱いとすることができる、とされ、法人税法基本通達7－7－2に定められています。

　　　a　その使用を廃止し、今後通常の方法により事業の用に供する可能性がないと認められる固定資産

　　　b　特定の製品の生産のために専用されていた金型等で、当該製品の生産を中止したことにより将来使用される可能性のほとんどないことがその後の状況等からみて明らかなもの

　　　なお、固定資産税（償却資産）では、「事業の用に供することができる」資産が課税対象となることから、物としては存在していても税務会計上有姿除却されている資産については、今後使用されないことから、事業の用に供することができるとは言い難いため、申告・課税の対象にはなりません。

　　3　移動（資産を申告先市町村の区域外に移動させた場合）
　　4　その他（1～3のどの事由にも該当しない場合。種類別明細書（減少資産用）において資産情報を修正する場合を含む。）
　　　これを選んだ時は、「摘要」欄に事情等を記載します。
　イ　減少区分
　　減少資産について、全部が減少した場合は1に、一部が減少した場合は2に○をします。
　　2に○をした場合は、「摘要」欄に数量と取得価額がどの程度減少したかを記載します。
　　市町村によっては、欄自体を削除しているところがあります。その場合は、一部減少した資産について、減少ではなく数量と取得価額の修正というかたちで記載します。
⑩　「摘要」欄
　　減少・修正した資産について、その具体的な情報等を記載します。
　　前記⑨の「減少の事由及び区分」欄において「4　その他」を選んだ場合にはその具体的な事由を、資産情報を修正する場合にはその概要を記載します。

※　耐用年数の改正
　　市町村によっては、種類別明細書（増加資産・全資産用）又は種類別明細書（減少資産用）において、申告誤りに係る耐用年数の修正と区別するために、耐用年数省令改正による変更に関する情報について記載する欄を独自に設けている場合があります。
　　これは、耐用年数の変更又は修正の事由により、評価計算の方法が異なってくることから、申告においてその情報を求めているものです。
　　詳細については、市町村で作成している申告の手引きを確認してください。

# 第3節　申告書作成の事例

　企業の財務諸表に基づき、令和6年度用の申告書と種類別明細書の作成事例を紹介します。

　本事例の財務諸表については内容をかなり単純化していますが、作成の流れが分かるような事例として挙げています。

　なお、申告書作成の大まかな流れとしては、次ページのようになります。

## 申告書作成の流れ

固定資産台帳（減価償却明細）から、固定資産税（償却資産）の課税対象ではない資産を除外し、申告対象資産を抽出する（注）。

固定資産台帳（減価償却明細）に記載されていない申告対象資産を抽出する。
※中小企業者等の少額資産の損金算入特例を適用している資産
※貸主となっている所有権移転外リース資産（平成20年4月以降契約分）

抽出した申告対象資産に必要な修正を加える。
※圧縮記帳を適用している資産については、適用前の取得価額に修正する。
※企業独自の耐用年数を設定している場合は、法定耐用年数等に修正する。
※耐用年数省令改正の対象となった資産について耐用年数を変更する。

申告対象資産を、単独所有分と共有分に分割し、共有分の資産については全持分を合計した取得金額を確認する。

単独所有分と共有分について、別々に申告書を作成し、資産所在地の市町村に提出する。

（注）固定資産台帳からの対象資産の抽出
① 無形減価償却資産を除く。
② 自己の所有でない資産を除く。
　＜例＞
　・借主として資産計上している所有権移転外ファイナンスリース資産
　・受益者として資産計上している信託資産
③ 申告提出先の市町村の区域外に所在する資産を除く。
④ 建物・建物附属設備の中から、固定資産税（家屋）の評価対象となる資産を除く。
　「建物」として計上している資産中に固定資産税（償却資産）の対象となる資産が埋もれている場合は、ここで抽出する。
⑤ 大型特殊自動車以外の車両運搬具を除く。
⑥ 残った資産について、申告対象外の資産がないか確認する。

# 1　一般方式により初めて申告する事例（東京都特別区の場合）

## （1）対象事業者の情報

　　飲食店を経営する株式会社ＡＡは、令和6年度に、設立以来初めて、新宿都税事務所に償却資産の申告を行います。

| | 項　目 | | 情　報 |
|---|---|---|---|
| 1 | 氏　名 | | 株式会社ＡＡ |
| 2 | 住　所 | | 東京都新宿区○○町1−1−1 |
| 3 | 事　業 | | 新宿区内で飲食店を経営 |
| 4 | 事業開始年月 | | 令和5年4月 |
| 5 | 決算日 | | 3月31日 |
| 6 | 所有資産の概要 | 建物 | 所有していない。事業用の賃貸ビルにテナントとして入居している。 |
| | | その他 | ・飲食店用の内装と厨房設備を施工している。<br>・飲食店用の器具・備品5点と自動車を購入している。 |
| 7 | リース資産 | 貸用 | なし |
| | | 借用 | ・業務用冷蔵庫（Aリース㈱より。リース期間6年の所有権移転外ファイナンスリース） |
| 8 | 経理処理 | 特別償却 | していない。 |
| | | 圧縮記帳 | していない。 |
| | | 少額資産の取扱方針 | ・10万円未満は一括損金算入<br>・10万円以上20万円未満は3年一括償却資産として処理<br>・20万円以上30万円未満は中小企業者等の少額資産の損金算入の特例を適用して一括損金算入 |
| | | 消費税 | 税込経理方式 |
| | | 青色申告 | していない。 |

## （2）申告書に内容が反映される財務諸表

　　財務諸表に記載されている内容を、そのまま申告書等に転記するのでは

ないことに留意します。

　なお、今回の事例では、3月末決算法人ですが、1月中に、決算書類及び法人税申告書を作成したものとしています。

ア　固定資産台帳（減価償却明細）

　　申告の対象となる有形減価償却資産について、その取得年月・取得価額・耐用年数などが記載されているため、申告書等を作成するときの一番の基礎資料となります。一般的には、法人税申告書別表16(1)(2)の明細としての役割も果たします。

　※　決算期までに固定資産台帳を作成しない企業においては、仕訳帳・総勘定元帳等を基礎資料とします。

イ　法人税申告書別表16(7)

　　租税特別措置法第67条の5又は第68条の102の2の規定により、中小企業者等の少額資産の損金算入の特例を適用した有形減価償却資産について記載されています。

　　租税特別措置法第67条の5等により損金算入した資産は、固定資産税（償却資産）では少額資産とみなさないことから、申告対象となりますので申告書等を作成するときの基礎資料となります。

　　詳細については、第3章第5節(7)を参照してください。

　※　器具備品5点のうち、机（令和5年4月取得・取得価額84,000円）については、法人税法施行令第133条により、全額損金算入処理しています。また、パソコン（令和5年4月取得・取得価額157,500円）については、法人税法施行令第133条の2により、3年一括償却資産として処理し、法人税申告書別表16（8）に記載しています。この2つの資産については、固定資産税（償却資産）の申告対象とはなりません。

　　また、所有権移転外ファイナンスリース（リース期間6年）としてリースされている業務用冷蔵庫については、株式会社ＡＡの所有物ではないことから、株式会社ＡＡの申告対象とはなりません。

## （3）財務諸表の内容

### ア　固定資産台帳（減価償却明細）の一部

令和5年12月31日現在

| | 資産種類 | 資産名称 | 数量 | 償却方法 | 取得年月 | 取得価額 | 耐用年数 |
|---|---|---|---|---|---|---|---|
| | 有形固定資産 | | | | | | |
| a1 | 1 | 店舗内装工事 | 1 | 定額 | R5.4 | 3,150,000 | 15 |
| a2 | 1 | 厨房設備工事 | 1 | 定額 | R5.4 | 1,050,000 | 18 |
| | | 建物附属設備計 | | | | 4,200,000 | |
| | | | | | | | |
| b | 5 | 小型自動車 | 1 | 定率 | R5.6 | 840,000 | 4 |
| | | 車両運搬具計 | | | | 840,000 | |
| | | | | | | | |
| c1 | 6 | 厨房用品 | 1 | 定率 | R5.4 | 735,000 | 5 |
| c2 | 6 | レジスター | 1 | 定率 | R5.8 | 525,000 | 5 |
| | | 器具・備品計 | | | | 1,260,000 | |
| | | | | | | | |
| | | 有形固定資産計 | | | | 6,300,000 | |
| | | | | | | | |
| | リース資産 | | | | | | |
| d | 6 | 業務用冷蔵庫 | 5 | リース期間定額 | R5.4 | 408,000 | 6 |
| | | リース資産計 | | | | 408,000 | |
| | | | | | | | |
| | | 総計 | | | | 6,708,000 | |

㊟　a～dは、筆者が便宜的に付した。

## イ　法人税申告書別表16（7）

| 少額減価償却資産の取得価額の損金算入の特例に関する明細書 | 事業年度 | 5 ・ 4 ・ 1 　 6 ・ 3 ・ 31 | 法人名 | ㈱ＡＡ | 別表十六(七)　令五・四・一以後終了事業年度分 |
|---|---|---|---|---|---|

| 資産区分 | 種　　　　　類 | 1 | 器具備品 | | | | |
|---|---|---|---|---|---|---|---|
| | 構　　　　　造 | 2 | 電気機器 | | | | |
| | 細　　　　　目 | 3 | 冷蔵庫 | | | | |
| | 事業の用に供した年月 | 4 | 令和5年6月 | | | | |
| 取得価額 | 取得価額又は製作価額 | 5 | 円 252,000 | 円 | 円 | 円 | 円 |
| | 法人税法上の圧縮記帳による積立金計上額 | 6 | | | | | |
| | 差引改定取得価額 (5)−(6) | 7 | 252,000 | | | | |
| 資産区分 | 種　　　　　類 | 1 | | | | | |
| | 構　　　　　造 | 2 | | | | | |
| | 細　　　　　目 | 3 | | | | | |
| | 事業の用に供した年月 | 4 | | | | | |
| 取得価額 | 取得価額又は製作価額 | 5 | 円 | 円 | 円 | 円 | 円 |
| | 法人税法上の圧縮記帳による積立金計上額 | 6 | | | | | |
| | 差引改定取得価額 (5)−(6) | 7 | | | | | |
| 資産区分 | 種　　　　　類 | 1 | | | | | |
| | 構　　　　　造 | 2 | | | | | |
| | 細　　　　　目 | 3 | | | | | |
| | 事業の用に供した年月 | 4 | | | | | |
| 取得価額 | 取得価額又は製作価額 | 5 | 円 | 円 | 円 | 円 | 円 |
| | 法人税法上の圧縮記帳による積立金計上額 | 6 | | | | | |
| | 差引改定取得価額 (5)−(6) | 7 | | | | | |
| 当期の少額減価償却資産の取得価額の合計額 ((7)の計) | | 8 | | | | 円 | 252,000 |

（4）償却資産申告書（新宿都税事務所への提出分）の作成

　　最初に、申告対象となる資産を、（3）の財務諸表から抽出します。

ア　固定資産台帳（減価償却明細）

①　借主として資産計上している平成20年4月1日以後契約分の所有権移転外ファイナンスリース資産などの、自己の所有ではない資産を除きます。この事例では、所有権移転外ファイナンスリース資産1点を除外します（d）。

②　建物や建物附属設備の中から、申告対象となる資産を抽出します。建物については、固定資産税（家屋）の評価対象となる資産は固定資産税（償却資産）の申告対象とならないことから、この段階で除外していく必要があります。この事例では、他人が所有する建物を賃借して、そこに内装等を令和5年に施工しています。

　　東京都特別区の取り扱いでは、法第343条第10項により、このような資産は固定資産税（家屋）の評価対象とはならず、固定資産税（償却資産）の申告対象となりますので、建物附属設備2点全てを申告対象として抽出します（a1、a2）。

　(注)　法第343条第10項の適用にあたっては、条例の制定が必要となるため、市町村によって取り扱いが異なります。

③　車両運搬具について、大型特殊自動車以外の自動車・軽自動車を除きます。この事例で計上されている小型自動車は、大型特殊自動車ではありませんので、申告対象とはなりません（b）。

④　厨房用品、レジスターといった器具・備品については、申告対象となります（c1、c2）。

⑤　①〜④により、次の資産が申告対象となります。

申告対象資産

| 資産種類 | 資産名称 | 数量 | 取得年月 | 取得価額 | 耐用年数 |
|---|---|---|---|---|---|
| 1 | 店舗内装工事 | 1 | R5.4 | 3,150,000 | 15 |
| 1 | 厨房設備工事 | 1 | R5.4 | 1,050,000 | 18 |

| 6 | 厨房用品 | 1 | R5.4 | 735,000 | 5 |
| 6 | レジスター | 1 | R5.8 | 525,000 | 5 |

イ　法人税申告書別表 16（7）

　　固定資産台帳（減価償却明細）と同様の手順で、無形減価償却資産、新宿区外所在の資産、固定資産税（家屋）の評価対象となる資産、大型特殊自動車以外の自動車・軽自動車等を除いて、残った資産を申告対象とします。

　　この事例では、記載されている資産１点は除外条件に当てはまらないため、申告対象となります。

　　申告に当たっては、「電気冷蔵庫」の法定耐用年数である「６年」を適用します。

申告対象資産

| 資産種類 | 資産名称 | 数量 | 取得年月 | 取得価額 | 耐用年数 |
|---|---|---|---|---|---|
| 6 | 冷蔵庫 | 1 | R5.6 | 252,000 | 6 |

　抽出された申告対象資産を、種類別明細書（増加資産・全資産用）に記入します。今回は初めての申告なので、申告対象資産は全て記入します。

　記入した結果は、55 ページを参照してください。

　種類別明細書（増加資産・全資産用）に記入した資産の取得価額合計を計算し、他の情報と併せて、償却資産申告書に記入します。

　記入した結果は、56 ページを参照してください。

　最後に、償却資産申告書と種類別明細書（増加資産・全資産用）とを一緒にして新宿都税事務所に提出します。

令和 6 年度　種類別明細書（増加資産・全資産用）

所有者の氏名又は名称：(株)ＡＡ

| 行番号 | 資産コード | 資産の名称 | 資産の種類 | 数量 | 取得年月（年号・年・月） | 取得価額 | 耐用年数 | 増加事由 |
|---|---|---|---|---|---|---|---|---|
| 01 | | 店舗内装工事 | 1 | 1 | 5 5 04 | 3150000 | 15 | ①・2・3・4 |
| 02 | | 厨房設備工事 | 1 | 1 | 5 5 04 | 1050000 | 18 | ①・2・3・4 |
| 03 | | 厨房用品 | 6 | 1 | 5 5 04 | 735000 | 5 | ①・2・3・4 |
| 04 | | 冷蔵庫 | 6 | 1 | 5 5 06 | 252000 | 6 | ①・2・3・4 |
| 05 | | レジスター | 6 | 1 | 5 5 08 | 525000 | 5 | ①・2・3・4 |
| 06 | | | | | | | | 1・2・3・4 |
| 07 | | | | | | | | 1・2・3・4 |
| 08 | | | | | | | | 1・2・3・4 |
| 09 | | | | | | | | 1・2・3・4 |
| 10 | | | | | | | | 1・2・3・4 |
| 11 | | | | | | | | 1・2・3・4 |
| 12 | | | | | | | | 1・2・3・4 |
| 13 | | | | | | | | 1・2・3・4 |
| 14 | | | | | | | | 1・2・3・4 |
| 15 | | | | | | | | 1・2・3・4 |
| 16 | | | | | | | | 1・2・3・4 |
| 17 | | | | | | | | 1・2・3・4 |
| 18 | | | | | | | | 1・2・3・4 |
| 19 | | | | | | | | 1・2・3・4 |
| 20 | | | | | | | | 1・2・3・4 |

小計　5712000

(注) 1　「取得年月」の「年号」欄は、平成は4、令和は5を記入してください
　　　「取得年月」欄の記入例：平成31年4月取得⇒「4 31 04」令和元年5月取得⇒「5 01 05」
　　 2　「増加事由」欄は、1新品取得、2中古品取得、3移動による受入れ、4その他のいずれかに○印を付けてください。

令和　６　年度

# 償却資産申告書（償却資産課税台帳）

令和　６年　１月　23日

東京都　新宿　都税事務所長殿

受付印

所有者

（フリガナ）　トウキョウトシンジュククマルマルマチ
1 住所又は納税通知書送達先　東京都新宿区○○町１－１－１
（電話 03－××××－△△△△）

（フリガナ）　カブシキガイシャエーエー
2 氏名　株式会社ＡＡ
法人にあってはその名称及び代表者の氏名　代表取締役ＡＡ（屋号 ラーメンAA）

| 3 個人番号又は法人番号 | 1 2 3 4 5 6 7 8 9 0 0 0 0 |
| --- | --- |
| 4 事業種目（資本金等の額） | 飲食店業　３百万円 |
| 5 事業開始年月 | 令和５年　４月 |
| 6 この申告に応答する者の係及び氏名 | 江戸 太郎 |
| 7 税理士等の氏名 | 江戸 花子　税理 広（電話 03-9999-△△△△） |

※所有者コード
事務所

| | 8 短縮耐用年数の承認 | 有・無 |
| --- | --- | --- |
| | 9 増加償却の届出 | 有・無 |
| | 10 非課税該当資産 | 有・無 |
| | 11 課税標準の特例 | 有・無 |
| | 12 特別償却又は圧縮記帳 | 有・無 |
| | 13 税務会計上の償却方法 | 定率法・定額法 |
| | 14 青色申告 | 有・無 |

15 市(区)町村内における事業所等資産の所在地　①新宿区○○町１－１－１　②　③
16 借用資産の所有者等の名称等　有・無　ＡＩリース㈱
17 事業所用家屋の所有区分　自己所有・借家
18 備考（添付書類等）

取得価額

| 資産の種類 | 前年前に取得したもの (イ) | 前年中に減少したもの (ロ) | 前年中に取得したもの (ハ) | 計 (イ)-(ロ)+(ハ)=(ニ) | 評価額 (ホ) | 決定価格 (ヘ) | 課税標準額 (ト) |
| --- | --- | --- | --- | --- | --- | --- | --- |
| 1 構築物 | | | | | | | |
| 2 機械及び装置 | 4 200 000 | | | 4 200 000 | | | 4 200 000 |
| 3 船 舶 | | | | | | | |
| 4 航空機 | | | | | | | |
| 5 車両及び運搬具 | | | | | | | |
| 6 工具器具及び備品 | 1 512 000 | | | 1 512 000 | | | 1 512 000 |
| 7 合 計 | 5 712 000 | | | 5 712 000 | | | 5 712 000 |

課税標準額　000

| 一覧 | 宛名 | 納篠名 | 調マ | 一品 | 0申 | 価格 | 入力 | 確認 | 税額 |

# 2　一般方式による2回目以降の申告の事例（東京都特別区の場合）

## （1）対象事業者の情報

　　ＢＢ株式会社は、令和4年度から新宿都税事務所に、令和5年度から中野都税事務所に、それぞれ償却資産の申告を行っています。令和6年度についても、償却資産の申告を行うことになりました。

| | 項目 | | 情報 |
|---|---|---|---|
| 1 | 氏名 | | ＢＢ株式会社 |
| 2 | 住所 | | 東京都新宿区○○町1-1-2 |
| 3 | 事業 | | 新宿区と中野区でソフトウェア開発業を経営 |
| 4 | 事業開始年月 | | 令和3年7月（中野区での営業は令和4年10月に開始） |
| 5 | 決算日 | | 6月30日 |
| 6 | 所有資産の概要 | 建物 | (新宿区)<br>　令和5年8月に自社ビルを建築。それにより、それまで賃借していた事務所から移転した。<br>(中野区)<br>　事務所を賃借している。 |
| | | その他 | (新宿区)<br>　パソコンやソフトウェア等を所有<br>(中野区)<br>　蓄電池電源設備、パソコンやソフトウェア等を所有 |
| 7 | リース資産 | 貸用 | あり（リース期間終了後に所有権が移転しないファイナンスリース） |
| | | 借用 | なし |

| 8 | 経理処理 | 特別償却 | していない。 |
|---|---|---|---|
| | | 圧縮記帳 | している。<br>ある独立行政法人から、CAD用ワークステーションの取得に際し、取得価額の3分の1を助成金（返還不要）として受け取った。 |
| | | 少額資産の取扱方針 | ・10万円未満は一括損金算入<br>・10万円以上は全て減価償却 |
| | | 消費税 | 税抜経理方式 |
| | | 青色申告 | している。 |

（2）申告書に内容が反映される財務諸表

　　財務諸表に記載されている内容を、そのまま申告書等に転記するのではないことに留意します。

　ア　固定資産台帳（減価償却明細）

　　　申告の対象となる有形減価償却資産について、その取得年月・取得価額・耐用年数などが記載されているため、申告書等を作成するときの一番の基礎資料となります。

　　　一般的には、法人税申告書別表16(1)(2)の明細としての役割も果たします。

　　　なお、この事例では、法人が6月末決算であることから、令和5年7月から12月の資産の異動は、固定資産台帳に反映されていません。

　イ　仕訳帳・総勘定元帳

　　　法人の行った取引のすべてが記載されています。

　　　申告対象となる有形減価償却資産の取得・除却等で、固定資産台帳にまだ記載してないものは、仕訳帳・総勘定元帳を申告書等作成の基礎資料とします。

　　　本来的には固定資産台帳に記載されている情報ですが、この事例では、令和5年6月末決算の後で建物等を取得したため、固定資産台帳に

まだ情報がないので、これを資料としています。

　この事例での総勘定元帳は、主として令和5年8月に新築した本社ビルについて、固定資産税（償却資産）の申告を意識して、工事見積書・契約書から建物本体、建物附属設備及び構築物を種類分けし、記載しています。このような種類分けを行わず、「建物」としてまとめて資産計上することがありますが、後の固定資産税（償却資産）の申告を考えると、申告内容と固定資産台帳（減価償却明細）の内容が一致しなくなり、以後の償却資産の申告に不都合が生じます。

　なお、一度固定資産台帳（減価償却明細）に建物として計上してしまってから固定資産税（償却資産）の申告について気づいた場合や、種類分けを行わなかったものの中に固定資産税（償却資産）の申告対象資産があった場合で、台帳等の修正が困難であるときは、工事見積書・契約書から、直接申告対象資産を抽出します。

ウ　法人税申告書別表13（1）

　圧縮記帳を行った資産の情報が記載してあります。今回の事例では、独立行政法人からの助成金について直接減額方式により処理していることから、該当資産の取得価額は、固定資産台帳ではなく、これにより確認することとなります。

エ　リース資産台帳

　自分が貸主となっているリース資産の情報を管理するための台帳です。平成20年4月1日以後契約分の所有権移転外ファイナンスリース資産については借主が減価償却計上し、所有者である貸主の固定資産台帳（減価償却明細）には記載されないため、申告書等に記載するための基礎資料となります。

　なお、平成20年3月31日以前契約分の賃貸借扱いファイナンスリース資産については、固定資産台帳（減価償却明細）にも記載されています。したがって、この帳票から申告対象資産として抽出すると、二重申告になりますので、注意が必要です。

## （3）財務諸表の内容

### ア　固定資産台帳（減価償却明細）の一部

令和5年6月30日現在

| | 資産種類 | 資産名称 | 数量 | 償却方法 | 取得年月 | 取得価額 | 耐用年数 | 期末帳簿価額 | 備考 |
|---|---|---|---|---|---|---|---|---|---|
| | | 有形固定資産 | | | | | | | |
| a | 1 | 電気設備工事（新宿） | 1 | 定額 | R3.7 | 2,000,000 | 15 | 1,766,072 | |
| | 1 | 簡易可動間仕切り（中野） | 1 | 定額 | R4.10 | 500,000 | 3 | 374,750 | |
| | | 建物附属設備計 | | | | 2,500,000 | | 2,140,822 | |
| | | | | | | | | | |
| | 2 | 蓄電池電源設備（中野） | 1 | 定率 | R4.10 | 1,000,000 | 17 | 765,250 | |
| | | 機械装置計 | | | | 1,000,000 | | 765,250 | |
| | | | | | | | | | |
| | 6 | パソコン（新宿） | 20 | 定率 | R3.7 | 5,000,000 | 4 | 1,579,220 | |
| | 6 | プリンタ（新宿） | 4 | 定率 | R3.7 | 600,000 | 5 | 238,896 | |
| | 6 | サーバ（OS含む）（新宿） | 1 | 定率 | R3.7 | 1,200,000 | 5 | 477,793 | |
| b1 | 6 | パソコン（新宿） | 5 | 定率 | R5.5 | 750,000 | 4 | 671,875 | |
| | 6 | パソコン（中野） | 5 | 定率 | R4.10 | 1,000,000 | 4 | 531,250 | |
| | 6 | プリンタ（中野） | 2 | 定率 | R4.10 | 240,000 | 5 | 150,000 | |
| b2 | 6 | CAD用ワークステーション（中野） | 1 | 定率 | R5.1 | 600,000 | 4 | 412,500 | 圧縮記帳対象 |
| | | 器具・備品計 | | | | 8,790,000 | | 3,649,034 | |
| | | | | | | | | | |
| | | 有形固定資産総計 | | | | 12,290,000 | | 6,555,106 | |
| | | | | | | | | | |
| | | 無形固定資産 | | | | | | | |
| | | 財務会計用ソフトウェア（新宿） | 1 | 定額 | R3.7 | 1,000,000 | 5 | 640,000 | |
| | | 開発用ソフトウェア（新宿） | 1 | 定額 | R3.7 | 2,000,000 | 5 | 1,280,000 | |
| | | 開発用ソフトウェア（中野） | 1 | 定額 | R4.10 | 500,000 | 5 | 425,000 | |
| | | 販売用ソフトウェア原本（新宿） | 1 | 定額 | R4.5 | 10,000,000 | 3 | 6,289,260 | |
| | | 無形固定資産総計 | | | | 13,500,000 | | 8,634,260 | |
| | | | | | | | | | |
| | | 総計 | | | | 25,790,000 | | 15,189,366 | |

## イ　総勘定元帳（令和5年7月1日〜12月31日分）の一部

### 固定資産（建物）

| 年月日 | | | 摘要 | 仕丁 | 借方 | 年月日 | | | 摘要 | 仕丁 | 貸方 |
|---|---|---|---|---|---|---|---|---|---|---|---|
| 5 | 8 | 1 | 本社ビル取得 | 1 | 300,000,000 | | | | | | |

### 固定資産（建物附属設備）

| 年月日 | | | 摘要 | 仕丁 | 借方 | 年月日 | | | 摘要 | 仕丁 | 貸方 |
|---|---|---|---|---|---|---|---|---|---|---|---|
| 5 | 8 | 1 | 本社ビル電気設備取得 | 1 | 25,000,000 | 5 | 8 | 31 | 電気設備工事（新宿）除却 | 1 | 1,766,072 |
| 5 | 8 | 1 | 本社ビル受変電設備取得 | 1 | 5,000,000 | | | | | | |
| 5 | 8 | 1 | 本社ビル予備電源設備取得 | 1 | 5,000,000 | | | | | | |
| 5 | 8 | 1 | 本社ビル給排水設備取得 | 1 | 14,000,000 | | | | | | |
| 5 | 8 | 1 | 本社ビル屋外給排水設備取得 | 1 | 1,000,000 | | | | | | |
| 5 | 8 | 1 | 本社ビル衛生設備取得 | 1 | 10,000,000 | | | | | | |
| 5 | 8 | 1 | 本社ビル空調設備取得 | 1 | 10,000,000 | | | | | | |

### 固定資産（構築物）

| 年月日 | | | 摘要 | 仕丁 | 借方 | 年月日 | | | 摘要 | 仕丁 | 貸方 |
|---|---|---|---|---|---|---|---|---|---|---|---|
| 5 | 8 | 1 | 本社ビル外構工事取得 | 1 | 30,000,000 | | | | | | |
| 5 | 8 | 1 | 本社ビルサイン工事取得 | 1 | 3,000,000 | | | | | | |

### 固定資産（器具備品）

| 年月日 | | | 摘要 | 仕丁 | 借方 | 年月日 | | | 摘要 | 仕丁 | 貸方 |
|---|---|---|---|---|---|---|---|---|---|---|---|
| 5 | 8 | 1 | 本社ビルルームエアコン取得 | 1 | 250,000 | | | | | | |
| 5 | 9 | 13 | パソコン（本社）2台取得 | 1 | 250,000 | | | | | | |

a〜eは、筆者が便宜的に付した。

## ウ　法人税申告書別表13(1)

| 国庫補助金等、工事負担金及び賦課金で取得した固定資産等の圧縮額等の損金算入に関する明細書 | 事業年度<br>又は連結<br>事業年度 | 4.7.1<br>5.6.30 | 法人名 | BB㈱ | 別表十三㈠ | 令四・四・一以後終了事業年度又は連結事業年度分 |
|---|---|---|---|---|---|---|

### I　国庫補助金等で取得した固定資産等の圧縮額の損金算入に関する明細書

| 項目 | No. | 金額 | 項目 | No. | 金額 |
|---|---|---|---|---|---|
| 補　助　金　等　の　名　称 | 1 | ○○能力発揮奨励金 | 圧縮限度超過額 (6)−(12) | 13 | 円 |
| 補　助　金　等　を　交　付　し　た　者 | 2 | 独立行政法人○○機構 | 前期以前に取得をした減価償却資産の既償却額に係る取得価額調整額 (既償却額)×(10) | 14 | |
| 交　付　を　受　け　た　年　月　日 | 3 | R5・1・17 | 取得価額に算入しない金額 ((6)と(12)のうち少ない金額)+(14) | 15 | |
| 交　付　を　受　け　た　補　助　金　等　の　額 | 4 | 300,000 円 | 特別勘定に経理した場合(条件付の場合)の圧縮限度額の計算 | 特別勘定に経理した金額 | 16 | |
| 交　付　を　受　け　た　資　産　の　価　額 | 5 | | | 繰入限度額 ((4)のうち条件付の金額) | 17 | |
| 帳簿価額を減額し、又は積立金に経理した場合の減額等をしたこととなった場合(無条件の場合)又は | 固定資産の帳簿価額を減額し、又は積立金に経理した金額 | 6 | | | 繰入限度超過額 (16)−(17) | 18 | |
| | 圧縮限度額の計算 | (4)のうち返還を要しない又は要しないこととなった金額 | 7 | 300,000 | 翌期繰越額の計算(条件付の場合) | 当初特別勘定に経理した金額 (繰入事業年度の(16)−(18)) | 19 | |
| | | (4)の全部又は一部の返還を要しないこととなった日における固定資産の帳簿価額 | 8 | 900,000 | | 同上のうち前期末までに益金の額に算入された金額 | 20 | |
| | | 固定資産の取得等に要した金額 | 9 | 900,000 | | 返還した金額 | 21 | |
| | | 補助割合 (7)/(9) | 10 | 300,000 | | 返還を要しないこととなった金額 | 22 | |
| | | 圧縮限度基礎額 (8)×(10) | 11 | 300,000 円 | | (21)及び(22)以外の取崩額 | 23 | |
| | | 圧縮限度額 (5)、(7)若しくは(11)又は(((5)、(7)若しくは(11))−1円) | 12 | | | 期末特別勘定残額 (19)−(20)−(21)−(22)−(23) | 24 | |

### II　工事負担金で取得した固定資産等の圧縮額の損金算入に関する明細書

| 項目 | No. | 金額 | 項目 | No. | 金額 |
|---|---|---|---|---|---|
| 交付を受けた金銭の額及び資材の価額 | 25 | 円 | 圧縮限度額の計算 | (25)の交付を受けた日における固定資産の帳簿価額 | 31 | 円 |
| 交付を受けた固定資産の価額 | 26 | | | 負担割合 (25)/(29) (1を超える場合は1) | 32 | |
| 取得した固定資産の種類 | 27 | | | 圧縮限度基礎額 (31)×(32) | 33 | 円 |
| 固定資産の帳簿価額を減額し、又は積立金に経理した金額 | 28 | 円 | | 圧縮限度額 (26)、(30)若しくは(33)又は(((26)、(30)若しくは(33))−1円) | 34 | |
| 圧縮限度額の計算 | 固定資産の取得に要した金額 | 29 | | | 圧縮限度超過額 (28)−(34) | 35 | |
| | 圧縮限度基礎額 ((25)と(29)のうち少ない金額) | 30 | | | 前期以前に取得をした減価償却資産の既償却額に係る取得価額調整額 (既償却額)×(32) | 36 | |
| | | | | 取得価額に算入しない金額 ((28)と(34)のうち少ない金額)+(36) | 37 | |

### III　非出資組合が賦課金で取得した固定資産等の圧縮額の損金算入に関する明細書

| 項目 | No. | 金額 | 項目 | No. | 金額 |
|---|---|---|---|---|---|
| 賦課に基づいて納付された金額 | 38 | 円 | 圧縮限度額の計算 | (38)が納付された日における固定資産の帳簿価額 | 43 | 円 |
| 取得した固定資産の種類 | 39 | | | 賦課割合 (38)/(41) (1を超える場合は1) | 44 | |
| 固定資産の帳簿価額を減額し、又は積立金に経理した金額 | 40 | 円 | | 圧縮限度基礎額 (43)×(44) | 45 | 円 |
| 圧縮限度額の計算 | 固定資産の取得等に要した金額 | 41 | | | 圧縮限度額 (42)若しくは(45)又は(((42)若しくは(45))−1円) | 46 | |
| | 圧縮限度基礎額 ((38)と(41)のうち少ない金額) | 42 | | | 圧縮限度超過額 (40)−(46) | 47 | |
| | | | | 前期以前に取得をした減価償却資産の既償却額に係る取得価額調整額 (既償却額)×(44) | 48 | |
| | | | | 取得価額に算入しない金額 ((40)と(46)のうち少ない金額)+(48) | 49 | |

エ　リース資産台帳

| 資産種類 | 資産名称 | 数量 | 契約年月日 | 購入価格 | リース料総額 | リース期間 | リース先（住所） | 備考 |
|---|---|---|---|---|---|---|---|---|
| 6 | パソコン | 5 | R5.1.17 | 750,000 | 900,000 | 5年間 | ZZZ 株式会社（東京都中野区○○町 1-1-1） | 所有権移転外 |
| 6 | パソコン | 5 | R5.5.13 | 750,000 | 900,000 | 5年間 | ZZZ 株式会社（東京都中野区○○町 1-1-1） | 所有権移転外 |

## （4）償却資産申告書（新宿都税事務所への提出分）の作成

　　令和5年12月に、新宿都税事務所から、申告書用紙と令和5年度までに申告した資産が印字された種類別明細書（減少資産用）が送付されてきましたので、それを使って申告書を作成します。

　　まず、令和5年1月2日～令和6年1月1日の間に、新宿区内で取得等により増加した申告対象となる資産を、（3）の財務諸表から抽出します。また、同じ期間に除却等により減少した申告対象資産についても確認します。

ア　固定資産台帳（減価償却明細）の一部

　　この中で、令和5年中の増加・減少資産で新宿区内に所在するのは、次の1点のみです。この資産は、1（4）アと同様に判断した結果、申告対象資産となります（b1）。

新宿区内の申告対象資産

| 資産種類 | 資産名称 | 数量 | 取得年月 | 取得価額 | 耐用年数 |
|---|---|---|---|---|---|
| 6 | パソコン（新宿） | 5 | R5.5 | 750,000 | 4 |

イ　総勘定元帳（令和5年7月1日～12月31日分）の一部

　　この中で、令和5年中の増加・減少資産で新宿区内に所在する申告対象資産は、次のとおりです。

　　取得資産の中に、固定資産税（家屋）の評価対象となる資産が含まれていますので、増加資産に盛り込まないよう注意します。なお、耐用年

数については、法定耐用年数を適用します。

　また、事務所を移転した際に、電気設備工事を除却していますので、減少資産とします。

新宿区内の申告対象資産（増加）

|  | 資産種類 | 資産名称 | 数量 | 取得年月 | 取得価額 | 耐用年数 |
|---|---|---|---|---|---|---|
| c1 | 1 | 本社ビル受変電設備 | 1 | R5.8 | 5,000,000 | 15 |
| c2 | 1 | 本社ビル予備電源設備 | 1 | R5.8 | 5,000,000 | 6 |
| c3 | 1 | 本社ビル屋外給排水設備 | 1 | R5.8 | 1,000,000 | 15 |
| d1 | 1 | 本社ビル外構工事 | 1 | R5.8 | 30,000,000 | 15 |
| d2 | 1 | 本社ビルサイン工事 | 1 | R5.8 | 3,000,000 | 20 |
| e1 | 6 | 本社ビルルームエアコン | 1 | R5.8 | 250,000 | 6 |
| e2 | 6 | パソコン（本社） | 2 | R5.9 | 250,000 | 4 |

新宿区内の申告対象資産（減少）

|  | 資産種類 | 資産名称 | 数量 | 取得年月 | 取得価額 | 耐用年数 |
|---|---|---|---|---|---|---|
| a | 1 | 電気設備工事（新宿） | 1 | R3.7 | 2,000,000 | 15 |

　㊟　a〜eは、筆者が便宜的に付した。

ウ　法人税申告書別表13（1）

　　中野区内に所在するCAD用ワークステーションに関連する資料なので、ここでは使用しません。

エ　リース資産台帳

　　中野区内に所在するリース資産に関連する資料なので、ここでは使用しません。

　抽出された申告対象となる前年中の増加資産を種類別明細書（増加資産・全資産用）に、減少資産を種類別明細書（減少資産用）に、それぞれ記入します。

　記入した結果は、65、66ページを参照してください。

令和　6　年度　種類別明細書（増加資産・全資産用）

所有者の氏名又は名称　BB(株)

| 行番号 | 資産コード | 資産の種類 | 資産の名称 | 数量 | 取得年月（年号・年・月） | 取得価額 | 耐用年数 | 減価残存価額 | 増加事由 |
|---|---|---|---|---|---|---|---|---|---|
| 01 | 機11 | | 本社ビル受変電設備 | 1 | 5 5 08 | 5000000 | 15 | | ①·2 3·4 |
| 02 | 1 | | 本社ビル子備電源設備 | 1 | 5 5 08 | 5000000 | 6 | | ①·2 3·4 |
| 03 | 1 | | 本社ビル屋外給排水設備 | 1 | 5 5 08 | 10000000 | 15 | | ①·2 3·4 |
| 04 | 1 | | 本社ビル外構工事 | 1 | 5 5 08 | 30000000 | 15 | | ①·2 3·4 |
| 05 | 1 | | 本社ビルサイン工事 | 1 | 5 5 08 | 30000000 | 20 | | ①·2 3·4 |
| 06 | 6 | | パソコン（新宿） | 5 | 5 5 05 | 750000 | 4 | | ①·2 3·4 |
| 07 | 6 | | 本社ビル ルームエアコン | 1 | 5 5 08 | 250000 | 6 | | ①·2 3·4 |
| 08 | 6 | | パソコン（本社） | 2 | 5 5 09 | 250000 | 4 | | 1·2 3·4 |
| 09 | | | | | | | | | 1·2 3·4 |
| 10 | | | | | | | | | 1·2 3·4 |
| 11 | | | | | | | | | 1·2 3·4 |
| 12 | | | | | | | | | 1·2 3·4 |
| 13 | | | | | | | | | 1·2 3·4 |
| 14 | | | | | | | | | 1·2 3·4 |
| 15 | | | | | | | | | 1·2 3·4 |
| 16 | | | | | | | | | 1·2 3·4 |
| 17 | | | | | | | | | 1·2 3·4 |
| 18 | | | | | | | | | 1·2 3·4 |
| 19 | | | | | | | | | 1·2 3·4 |
| 20 | | | | | | | | | 1·2 3·4 |

小計　45250000

整理番号　1 1 1 1 4

(注)1 「取得年月」の「年号」の欄は、平成は4、令和は5を記入してください
「取得年月」欄の記入例⋯平成31年4月取得⇒「4 31 04」令和元年5月取得⇒「5 01 05」
2 「増加事由」の欄は、1新品取得、2中古品取得、3割増取得、4その他のいずれかに○の印を付けてください。

令和 6 年度分　種類別明細書（減少資産用）

所有者の氏名又は名称　BB(株)

申告所　新宿

1枚のうち 1枚目　⑩ 一連番号 4

| 行番号 | 異動区分 1減少 3修正 | *資産コード | 種類 | 資産の名称等 | 数量 | 取得年月 | 取得価額 | 耐用年数 | *課税標準の特例 コード 事由 | 耐用年数改正 | 減少等の事由 1売却 2滅失 3移動 4その他 | 摘要（4その他の事由等を記載） |
|---|---|---|---|---|---|---|---|---|---|---|---|---|
| 01 | ①・3 | 0800001 | 1 | 電気設備工事（新宿） | 1 | 5・3・07 | 2,000,000 | 15 | | | ②：1・3 | |
| 02 | 1・3 | 0800002 | 6 | パソコン（新宿） | 20 | 5・3・07 | 5,000,000 | 4 | | | 2：1・3・4 | |
| 03 | 1・3 | 0800003 | 6 | プリンタ（新宿） | 4 | 5・3・07 | 600,000 | 5 | | | 2：1・3・4 | |
| 04 | 1・3 | 0800004 | 6 | サーバ(OS含む)（新宿） | 1 | 5・3・07 | 1,200,000 | 5 | | | 2：1・3・4 | |
| 05 | 1・3 | | | | | | | | | | 2：1・3・4 | |
| 06 | 1・3 | | | | | | | | | | 2：1・3・4 | |
| 07 | 1・3 | | | | | | | | | | 2：1・3・4 | |
| 08 | 1・3 | | | | | | | | | | 2：1・3・4 | |
| 09 | 1・3 | | | | | | | | | | 2：1・3・4 | |
| 10 | 1・3 | | | | | | | | | | 2：1・3・4 | |
| 11 | 1・3 | | | | | | | | | | 2：1・3・4 | |
| 12 | 1・3 | | | | | | | | | | 2：1・3・4 | |
| 13 | 1・3 | | | | | | | | | | 2：1・3・4 | |
| 14 | 1・3 | | | | | | | | | | 2：1・3・4 | |
| 15 | 1・3 | | | | | | | | | | 2：1・3・4 | |
| 16 | 1・3 | | | | | | | | | | 2：1・3・4 | |
| 17 | 1・3 | | | | | | | | | | 2：1・3・4 | |
| 18 | 1・3 | | | | | | | | | | 2：1・3・4 | |
| 19 | 1・3 | | | | | | | | | | 2：1・3・4 | |
| 20 | 1・3 | | | | | | | | | | 2：1・3・4 | |

小計　2,000,000

※　「異動区分」欄

　　　前ページ「種類別明細書（減少資産用）」内の「異動区分」欄は、省令様式にない項目ですが、市町村によっては、減少した資産や修正を要する資産について、この欄で減少・修正のどちらであるかを示すよう求めるところがあります。

　種類別明細書（増加資産・全資産用）に記入した資産の取得価額合計と、種類別明細書（減少資産用）で減少とした資産の取得価額合計を計算し、他の情報と併せて、償却資産申告書に記入します。
　記入した結果は、68ページを参照してください。

　最後に、償却資産申告書と種類別明細書（増加資産・全資産用）及び種類別明細書（減少資産用）とを一緒にして新宿都税事務所に提出します。

令和　6　年度

# 償却資産申告書（償却資産課税台帳）

*所有者コード
氏名コード　11114

受付印

令和　6　年　1　月　23　日

東京都　新宿　都税事務所長殿

| 所有者 | 1 住所又は納税通知書送達先 | （フリガナ）トウキョウトシンジュククマルマチ　東京都新宿区○○町1－1－2　（電話 03-××××-××××） |
|---|---|---|
| | 2 氏名（法人にあっては、その名称及び代表者の氏名） | （フリガナ）ビーヒーカブシキガイシャ　BB株式会社　代表取締役　東京 太郎　（屋号　　） |

| 3 個人番号又は法人番号 | 1234567890123 |
|---|---|
| 4 事業種目 （資本金等の額） | ソフトウェア開発業　10百万円 |
| 5 事業開始年月 | 令和　3　年　7　月 |
| 6 この申告に応答する者の係及び氏名 | 東京 花子　（電話 03-××××-××××） |
| 7 税理士等の氏名 | 税理 広　（電話 03-9999-△△△△） |

| 8 短縮耐用年数の承認 | 有・無 |
|---|---|
| 9 増加償却の届出 | 有・無 |
| 10 非課税該当資産 | 有・無 |
| 11 課税標準の特例 | 有・無 |
| 12 特別償却又は圧縮記帳 | 有・無 |
| 13 税務会計上の償却方法 | 有・無 |
| 14 青色申告 | 有・無 |

| 15 市（区）町村内における事業所等資産の所在地 | （自己所有・借家） |
|---|---|
| 16 借用資産（有・無） | 貸主の名称等 |
| 17 事業所用家屋の所有区分 | ①新宿区○○町1－1－2　②　③ |
| 18 備考（添付書類等） | |

一覧　宛名　納税　増減　○申　○申　価格　入力　確認　税額

| 資産の種類 | 前年前に取得したもの（イ） | 前年中に減少したもの（ロ） | 前年中に取得したもの（ハ） | 計（ニ） | 決定価格（ホ） | 課税標準額（へ） |
|---|---|---|---|---|---|---|
| 1 構築物 | | | | | | |
| 2 機械及び装置 | 2,000,000 | 2,000,000 | 44,000,000 | 44,000,000 | 44,000,000 | 44,000,000 |
| 3 船舶 | | | | | | |
| 4 航空機 | | | | | | |
| 5 車両及び運搬具 | 6,800,000 | 2,000,000 | 1,250,000 | 8,050,000 | | 1,250,000 |
| 6 工具器具及び備品 | 6,800,000 | 2,000,000 | 45,250,000 | 52,500,000 | | |
| 7 合計 | | | | | | ,000 |

5）償却資産申告書（中野都税事務所への提出分）の作成

　令和5年12月に中野都税事務所から、申告書用紙と令和5年度までに申告した資産が印字された種類別明細書（減少資産用）が送付されてきましたので、それを使って申告書を作成します。

　まず、令和5年1月2日〜令和6年1月1日の間に、中野区内で、取得等により増加した申告対象となる資産を、（3）の財務諸表から抽出します。また、同じ期間に除却等により減少した申告対象資産についても確認します。

ア　固定資産台帳（減価償却明細）の一部

　この中で、令和5年中の増加・減少資産で中野区内に所在するのは、次の1点のみです。この1点の資産は、1（4）アと同様に判断した結果、申告対象資産となります。なお、ＣＡＤ用ワークステーションの取得価額については、圧縮記帳により直接減額を行っていることに留意しておきます（b2）。

中野区内の申告対象資産（増加）

| 資産種類 | 資産名称 | 数量 | 取得年月 | 取得価額 | 耐用年数 |
|---|---|---|---|---|---|
| 6 | CAD用ワークステーション（中野） | 1 | R5.1 | 600,000 | 4 |

イ　総勘定元帳（令和5年7月1日〜12月31日分）の一部

　この中では、令和5年中の増加・減少資産で中野区内に所在する申告対象資産はありません。

ウ　法人税申告書別表13（1）

　ここで圧縮記帳の対象となっている資産の取得価額圧縮額を確認します。その結果、前記アの表は、次のように修正されます。

中野区内の申告対象資産（増加）

| 資産種類 | 資産名称 | 数量 | 取得年月 | 取得価額 | 耐用年数 |
|---|---|---|---|---|---|
| 6 | CAD用ワークステーション（中野） | 1 | R5.1 | 900,000 | 4 |

エ　リース資産台帳

　　　令和５年中の取得資産により増加した申告対象資産となるのは、次の
　２点です。

　　取得価額は、自身が取得したときの価額となりますので、リース料総
　額ではなく購入価格を記載します。また、耐用年数については、リース
　期間ではなく、法定耐用年数を適用します。

　中野区内の申告対象資産（増加）

| 資産種類 | 資産名称 | 数量 | 取得年月 | 取得価額 | 耐用年数 |
|---|---|---|---|---|---|
| 6 | パソコン（ZZZ 社へリース） | 5 | R5.1 | 750,000 | 4 |
| 6 | パソコン（ZZZ 社へリース） | 5 | R5.5 | 750,000 | 4 |

　抽出された申告対象となる前年中の増加資産を種類別明細書（増加資産・
全資産用）に記入します。

　記入した結果は、71 ページを参照してください。

　種類別明細書（増加資産・全資産用）に記入した資産の取得価額合計を計
算し、他の情報と併せて、償却資産申告書に記入します。

　記入した結果は、72 ページを参照してください。

　　最後に、償却資産申告書と種類別明細書（増加資産・全資産用）とを一
緒にして中野都税事務所に提出します。

令和　6　年度　種類別明細書（増加資産・全資産用）

所有者の氏名又は名称　BB(株)

| 行番号 | 資産コード | 資産の名称 | 数量 | 取得年月（年号・年・月） | 取得価額 | 耐用年数 | 増加事由 |
|---|---|---|---|---|---|---|---|
| 01 | 6 | パソコン（ZZZ社ヘリース） | 5 | 5 5 01 | 750000 | 4 | ① 1・2 3・4 |
| 02 | 6 | CAD用ワークステーション（中野） | 1 | 5 5 01 | 900000 | 4 | ① 1・2 3・4 |
| 03 | 6 | パソコン（ZZZ社ヘリース） | 5 | 5 5 05 | 750000 | 4 | ① 1・2 3・4 |
| 04 | | | | | | | 1・2 3・4 |
| 05 | | | | | | | 1・2 3・4 |
| 06 | | | | | | | 1・2 3・4 |
| 07 | | | | | | | 1・2 3・4 |
| 08 | | | | | | | 1・2 3・4 |
| 09 | | | | | | | 1・2 3・4 |
| 10 | | | | | | | 1・2 3・4 |
| 11 | | | | | | | 1・2 3・4 |
| 12 | | | | | | | 1・2 3・4 |
| 13 | | | | | | | 1・2 3・4 |
| 14 | | | | | | | 1・2 3・4 |
| 15 | | | | | | | 1・2 3・4 |
| 16 | | | | | | | 1・2 3・4 |
| 17 | | | | | | | 1・2 3・4 |
| 18 | | | | | | | 1・2 3・4 |
| 19 | | | | | | | 1・2 3・4 |
| 20 | | | | | | | 1・2 3・4 |

小　計　2400000

コード　1 0 0 0 1

1枚のうち　1枚目

（注1　「取得年月」の「年号」の欄は、平成は4、令和は5を記入してください
　　　「取得年月」欄の記入例・平成31年4月取得→「4 31 04」　令和元年5月取得→「5 01 05」
　　2　「増加事由」の欄は、1新品取得、2中古品取得、3移動による受け入れ、4その他のいずれかに○印を付けてください。

# 令和 ６ 年度　償却資産申告書（償却資産課税台帳）

受付印

令和 ６ 年 １ 月 23 日

東京都　新宿　都税事務所長殿

※所有者コード

| 事務所等 | | 氏名コード | | CD | 調査 | 種別 |
|---|---|---|---|---|---|---|
| | | 1 0 0 0 | | 1 | | |

**所有者**

1 住所
（フリガナ）トウキョウトシンジュククウマルマルマチ
東京都新宿区○○町１－１－２
又は納税通知書送達先
（電話 03－××××－××××）

2 氏名
（フリガナ）ビービーカブシキガイシャ
BB株式会社
法人にあってはその名称及び代表者の氏名
代表取締役 東京 太郎
（屋号　　　）

3 個人番号又は法人番号　1 2 3 4 5 6 7 8 9 0 1 2 3

4 事業種目（資本金等の額）　ソフトウェア開発業（　　　　　10百万円）

5 事業開始年月　令和 ３ 年　　 ７ 月

6 この申告に応答する者の係及び氏名
7 税理士等の氏名　税理　花子　（電話 03－××××－××××）

| | 8 短縮耐用年数の承認 | 有・無 |
|---|---|---|
| | 9 増加償却の届出 | 有・無 |
| | 10 非課税該当資産 | 有・無 |
| | 11 課税標準の特例 | 有・無 |
| | 12 特別償却又は圧縮記帳 | 有・無 |
| | 13 税務会計上の償却方法 | 定率法・定額法 |
| | 14 青色申告 | 有・無 |

15 市（区）町村内における事業所等資産の所在地
① 中野区△△町3-3-3
②
③

16 借用資産（有・無）資産の名称等

17 事業所用家屋の所有区分　自己所有・借家

18 備考（添付書類等）

---

**資産の種類 / 取得価額**

| 資産の種類 | 前年前に取得したもの（イ） | 前年中に減少したもの（ロ） | 前年中に取得したもの（ハ） | 計 (イ)－(ロ)＋(ハ) (ニ) |
|---|---|---|---|---|
| 1 構築物 | 5 000 000 | | | 5 000 000 |
| 2 機械及び装置 | 10 000 000 | | | 10 000 000 |
| 3 船舶 | | | | |
| 4 航空機 | | | | |
| 5 車両及び運搬具 | | | | |
| 6 工具器具及び備品 | 1 240 000 | | 3 640 000 | 3 640 000 |
| 7 合計 | 2 740 000 | | 5 140 000 | 5 140 000 |

**評価額 / 決定価格 / 課税標準額**

| 資産の種類 | 評価額（ホ） | 決定価格（ヘ） | 課税標準額（ト） |
|---|---|---|---|
| 1 構築物 | | | |
| 2 機械及び装置 | | | |
| 3 船舶 | | | |
| 4 航空機 | | | |
| 5 車両及び運搬具 | | | |
| 6 工具器具及び備品 | 2 400 000 | | |
| 7 合計 | 2 400 000 | | 000 |

件数

| 一覧 | 宛名 | 納義 | 調マ | 一品 | ０申 | 価格 | 確認 | 入力 | 税額 |
|---|---|---|---|---|---|---|---|---|---|
| | | | | | | | | | |

## 3　電算処理方式により申告する事例（東京都特別区の場合）

### 1）対象事業者の情報

　株式会社CCは、平成8年度から毎年、新宿都税事務所に償却資産の申告を行っており、令和6年度についても、償却資産の申告を行うことになりました。

| | 項　　目 | | 情　　報 |
|---|---|---|---|
| 1 | 氏名 | | 株式会社ＣＣ |
| 2 | 住所 | | 東京都新宿区○○町4－4－4 |
| 3 | 事業 | | 新宿区で不動産賃貸業及びリース業を経営 |
| 4 | 事業開始年月 | | 平成7年2月 |
| 5 | 決算日 | | 12月31日 |
| 6 | 所有資産の概要 | 建物 | ・令和5年6月に中古建物を自社ビルとして、建物一式で購入<br>・パーキングタワー1基を新宿太郎氏と共有している。 |
| | | 構築物 | ・屋外駐車棚について信託受益権を所有している。 |
| | | その他 | ・パーキングタワー駐車機械装置、パソコン、ソフトウェア、絵画等を所有<br>・パーキングタワー駐車機械装置について、令和4年2月に改良を行い、その費用を資本的支出として取り扱っている。 |
| 7 | リース資産 | 貸用 | 　平成20年3月以前に契約した所有権移転外ファイナンスリース |
| | | 借用 | 　平成20年4月以後に契約した所有権移転ファイナンスリース及び所有権移転外ファイナンスリース |

| | | | |
|---|---|---|---|
| 8 | 経理処理 | 特別償却 | 令和5年3月に取得した基幹サーバについて行っている。 |
| | | 圧縮記帳 | していない。 |
| | | 法人税の申告調整 | 平成7年6月取得のパーキングタワー駐車機械装置について、令和3年3月に100万円で改良を行い、その費用を修繕費として計上したが、税務否認されたことから、税務会計上は資本的支出として取り扱っている。 |
| | | 少額資産の取り扱い | ・10万円未満は一括損金算入<br>・10万円以上は全て減価償却<br>・平成31事業年度には、10万円以上30万円未満の資産について、中小企業者等の少額資産の損金算入の特例の適用し一括損金算入していた。 |
| | | 消費税 | 税抜経理方式 |
| | | 青色申告 | している。 |

## （2）申告書に内容が反映される財務諸表

　　財務諸表に記載されている内容を、そのまま申告書等に転記するのでは
ないことに留意します。

　　なお、この事例では、12月末決算法人であることから、1月中に、決
算書類及び法人税申告書を作成したものとしています。

ア　固定資産台帳（減価償却明細）

　　申告の対象となる有形減価償却資産について、その取得年月・取得価
額・耐用年数などが記載されているため、申告書等を作成するときの一
番の基礎資料となります。

　　一般的には、法人税申告書別表16(1)(2)の明細としての役割も果
たしますが、この事例では、企業会計と税務会計の間で調整を行ってい
ることから、台帳での帳簿価額等合計と別表16(1)(2)での帳簿価額
等合計が一致していないなど、内容にずれが出ています。

　なお、貸主となっているファイナンスリース資産についても、平成20年3月以前契約分については、一般的にはここに記載されます。

イ　法人税申告書別表16 (2) ＜平成31事業年度のもの＞

　　別表16 (2) は、機械装置及び器具・備品についての取得価額の検討に使用します。

ウ　法人税申告書別表16 (7) ＜平成31事業年度のもの＞

　　令和元年5月に取得した、中小企業等の少額資産の損金算入の特例を適用し一括損金算入した減価償却資産については、別表16 (7) に基づき記入します。

エ　法人税申告書別表4 (簡易様式)

　　税務調整を行った結果として発生した償却超過額について記載されていることから、確認資料として使用します。

オ　本社ビルの建物附属設備に係る取得価額の情報 (前所有者より聴取)

　　本社ビルの取得時には、受変電設備など償却資産の建物附属設備が含まれていましたが、「建物一式」として購入したため、償却資産の申告に必要な各設備ごとの内訳は不明でした。そのため、前所有者に問い合わせて得られた新築時の取得価額を基に、再取得価額の考え方により取得価額を求めることにしました。

　　申告時の取得価額としては、新築時の取得価額を経年減価させたものを用います。経年減価の計算は、評価額の計算と同様となります。

　　前所有者に設備ごとの新品取得価額を確認することが困難である場合は、「資産の再評価の基準の特例に関する省令」に基づく推定取得価額の考え方により、建設会社に同種の設備を施工したらどれくらいの取得価額になるかを確認する等の方法により、新品取得価額を出した上で、経年減価させたものを自身の取得価額とします。

## （３）財務諸表の内容

### ア　固定資産台帳（減価償却明細）

令和５年12月31日現在

| 資産種類 | 資産名称 | 数量 | 償却方法 | 取得年月 | 取得価額 | 耐用年数 | 期末帳簿価額 | 備考 |
|---|---|---|---|---|---|---|---|---|
| | 有形固定資産 | | | | | | | |
| | 1 パーキングタワー建物部分 | 1 | 旧定額 | H7.2 | 65,000,000 | 25 | 2,600,000 | 共有物。持分は1/2。 |
| | 1 パーキングタワー建物部分 | 1 | 旧定額 | H7.6 | 80,000,000 | 25 | 3,200,000 | |
| | 1 自社ビル建物一式 | 1 | 定額 | R5.6 | 400,000,000 | 37 | 393,466,666 | 中古取得 |
| | 建物計 | | | | 545,000,000 | | 399,266,666 | |
| | | | | | | | | |
| a | 1 屋外駐車棚 | 1 | 旧定額 | R3.8 | 50,000,000 | 45 | 46,038,833 | 信託受益権所有分 |
| | 構築物計 | | | | 50,000,000 | | 46,038,833 | |
| | | | | | | | | |
| b1 | 2 パーキングタワー駐車機械装置 | 1 | 旧定率 | H7.2 | 45,000,000 | 10 | 1,800,000 | 共有物。持分は1/2。 |
| b2 | 2 パーキングタワー駐車機械装置 | 1 | 旧定率 | H7.6 | 52,000,000 | 10 | 2,600,000 | R4.2に200万円を資本的支 |
| | 機械装置計 | | | | 97,000,000 | | 4,400,000 | |
| | | | | | | | | |
| c1 | 6 応接セット | 1 | 旧定率 | H8.1 | 80,000 | 8 | 1 | |
| c2 | 6 キャビネット（YYY㈱へリース） | 4 | 旧定率 | H25.3 | 1,000,000 | 15 | 190,623 | 所有権移転外ファイナンスリ |
| c3 | 6 基幹サーバ | 1 | 定率 | R5.3 | 10,000,000 | 5 | 5,833,334 | |
| c4 | 6 パソコン（Aリース㈱からのリース資産） | 5 | 定率 | R5.10 | 1,000,000 | 4 | 843,750 | 所有権移転ファイナンスリー |
| | 器具・備品計 | | | | 11,080,000 | | 6,023,958 | |
| | | | | | | | | |
| | 有形固定資産総計 | | | | 653,080,000 | | 409,690,624 | |
| | | | | | | | | |
| | 無形固定資産 | | | | | | | |
| | 業務用ソフトウェア | 1 | 定額 | R5.3 | 5,000,000 | 5 | 4,166,667 | |
| | 無形固定資産総計 | | | | 5,000,000 | | 4,166,667 | |
| | | | | | | | | |
| | リース資産 | | | | | | | |
| | 6 パソコン（Aリース㈱からのリース資産） | 5 | リース期間定額 | R5.10 | 1,000,000 | 4 | 937,500 | 所有権移転外ファイナンスリ |
| | リース資産総計 | | | | 1,000,000 | | 937,500 | |
| | | | | | | | | |
| | その他の固定資産 | | | | | | | |
| | 絵画 | 1 | | H18.6 | 5,000,000 | | 5,000,000 | |
| | その他の固定資産計 | | | | 5,000,000 | | 5,000,000 | |
| | | | | | | | | |
| | 総計 | | | | 664,080,000 | | 419,794,791 | |

（注）　a～cは、筆者が便宜的に付した。

## イ　法人税申告書別表16(2)　＜平成31事業年度のもの＞

| ① 旧定率法又は定率法による減価償却資産の償却額の計算に関する明細書 | | 事業年度又は連結事業年度 | 31・1・1 1・12・31 | 法人名 | ㈱CC | | 別表十六(二) |
|---|---|---|---|---|---|---|---|

御注意

1　この表には、減価償却資産の耐用年数、種類等及び償却方法の異なることにまとめて別行にして、その合計額を記載できますが、(1)欄及び(2)の資産、(3)の資産に該当するものを除きます。なお、(1)欄及び(2)の資産又は資本的支出、(3)租税特別措置法又は震災特例法による特別償却の規定の適用を受ける場合には、「特別償却限度額の計算に関する付表」を添付してください。

2　租税特別措置法又は震災特例法による特別償却の規定の適用を受ける場合には、

平三十一・四・一以後終了事業年度又は連結事業年度分

| 資産区分 | | 種類 | 1 | 機械装置 | 器具・備品 | | | |
|---|---|---|---|---|---|---|---|---|
| | | 構造 | 2 | | | | | |
| | | 細目 | 3 | | | | | |
| | | 取得年月日 | 4 | ・　・ | ・　・ | ・　・ | ・　・ | ・　・ |
| | | 事業の用に供した年月 | 5 | | | | | |
| | | 耐用年数 | 6 | 年 | 年 | 年 | 年 | 年 |
| 取得価額 | 取得価額又は製作価額 | | 7 | 外 97,000,000 円 | 外 1,080,000 円 | 外　円 | 外　円 | 外　円 |
| | 圧縮記帳による積立金計上額 | | 8 | 4,850,000 | 355,743 | | | |
| | 差引取得価額 (7)-(8) | | 9 | | | | | |
| | 償却額計算の対象となる期末現在の帳簿記載金額 | | 10 | | | | | |
| | 期末現在の積立金の額 | | 11 | | | | | |
| | 積立金の期中取崩額 | | 12 | | | | | |
| | 差引帳簿記載金額 (10)-(11)-(12) | | 13 | 外△ 4,850,000 | 外△ 355,743 | 外△ | 外△ | 外△ |
| | 損金に計上した当期償却額 | | 14 | | 58,214 | | | |
| | 前期から繰り越した償却超過額 | | 15 | 外 | 外 | 外 | 外 | 外 |
| | 合計 (13)+(14)+(15) | | 16 | 4,850,000 | 413,957 | | | |
| | 前期から繰り越した特別償却不足額又は合併等特別償却不足額 | | 17 | | | | | |
| | 償却額計算の基礎となる金額 (16)-(17) | | 18 | 4,850,000 | 413,957 | | | |
| | 差引取得価額×5% (9)×100分の5 | | 19 | | | | | |
| 当期分の償却限度額 | 平成19年3月31日以前取得分 | 旧定率法の償却率 | 20 | | | | | |
| | | (16)>(19)の場合 算出償却額 (18)×(20) | 21 | 0 円 | 58,214 円 | 円 | 円 | 円 |
| | | 増加償却額 (21)×割増率 | 22 | ( ) | ( ) | ( ) | ( ) | ( ) |
| | | 計 (21)+(22)又は((18)-(19)) | 23 | | | | | |
| | | (16)≦(19)の場合 算出償却額 ((19)-1円)×60/100 | 24 | 0 | 58,214 | | | |
| | 平成19年4月1日以後取得分 | 定率法の償却率 | 25 | | | | | |
| | | 調整前償却額 (18)×(25) | 26 | 円 | 円 | 円 | 円 | 円 |
| | | 保証率 | 27 | | | | | |
| | | 償却保証額 (9)×(27) | 28 | 円 | 円 | 円 | 円 | 円 |
| | | (26)<(28)の場合 改定取得価額 | 29 | | | | | |
| | | 改定償却率 | 30 | | | | | |
| | | 改定償却額 (29)×(30) | 31 | | | | | |
| | | 増加償却額 ((26)又は(31))×割増率 | 32 | ( ) | ( ) | ( ) | ( ) | ( ) |
| | | 計 ((26)又は(31))+(32) | 33 | | | | | |
| | 当期分の普通償却限度額等 (23)、(24)又は(33) | | 34 | 0 | 58,214 | | | |
| | 特別償却限度額 | 特別償却限度額 特別措置法 適用条項 | 35 | 条　項 | 条　項 | 条　項 | 条　項 | 条　項 |
| | | 特別償却限度額 | 36 | 外 | 外　円 | 外　円 | 外　円 | 外　円 |
| | | 前期から繰り越した特別償却不足額又は合併等特別償却不足額 | 37 | | | | | |
| | | 合計 (34)+(36)+(37) | 38 | 0 | 58,214 | | | |
| | 当期償却額 | | 39 | | | | | |
| 差引 | 償却不足額 (38)-(39) | | 40 | | | | | |
| | 償却超過額 (39)-(38) | | 41 | | | | | |
| 償却超過額 | 前期からの繰越額 | | 42 | 外 | 外 | 外 | 外 | 外 |
| | 当期損金認容額 償却不足によるもの | | 43 | | | | | |
| | 積立金取崩しによるもの | | 44 | | | | | |
| | 差引合計翌期への繰越額 (41)+(42)-(43)-(44) | | 45 | | | | | |
| 特別償却不足額 | 翌期に繰り越すべき特別償却不足額 ((40)-(43))と((36)+(37))のうち少ない金額 | | 46 | | | | | |
| | 当期において切り捨てる特別償却不足額又は合併等特別償却不足額 | | 47 | | | | | |
| | 差引翌期への繰越額 (46)-(47) | | 48 | | | | | |
| | 翌期繰越額の内訳 | | 49 | | | | | |
| | 当期分不足額 | | 50 | | | | | |
| | 適格組織再編成により引き継ぐべき合併等特別償却不足額 ((40)-(43))と(36)のうち少ない金額 | | 51 | | | | | |

備考

## ウ　法人税申告書別表16（7）＜平成31事業年度のもの＞

| ① 少額減価償却資産の取得価額の損金算入の特例に関する明細書 | | | | 事業年度<br>又は連結<br>事業年度 | 31・1・1<br>1・12・31 | 法人名 | ㈱CC | 別表十六(七) 平三十一・四・一以後終了事業年度又は連結事業年度分 |
|---|---|---|---|---|---|---|---|---|

御注意

この表は、資産の取得価額が、30万円未満であるものについて、少額減価償却資産の取得価額の損金算入の特例（租税特別措置法第67条の5又は第68条の102の2）の適用を受ける資産の取得価額の合計額である「8」欄の金額は、300万円（当期が1年に満たない場合には、300万円を12で除し、これに当期の月数を乗じて計算した金額）が限度となりますので御注意ください。

| 資産区分 | 種類 | 1 | 器具・備品 | | | | |
|---|---|---|---|---|---|---|---|
| | 構造 | 2 | 事務用機器 | | | | |
| | 細目 | 3 | 事務用機械 | | | | |
| | 事業の用に供した年月 | 4 | 令和元年5月 | | | | |
| 取得価額 | 取得価額又は製作価額 | 5 | 250,000 | | | | |
| | 法人税法上の圧縮記帳による積立金計上額 | 6 | | | | | |
| | 差引改定取得価額 (5)-(6) | 7 | 250,000 | | | | |
| 資産区分 | 種類 | 1 | | | | | |
| | 構造 | 2 | | | | | |
| | 細目 | 3 | | | | | |
| | 事業の用に供した年月 | 4 | | | | | |
| 取得価額 | 取得価額又は製作価額 | 5 | | | | | |
| | 法人税法上の圧縮記帳による積立金計上額 | 6 | | | | | |
| | 差引改定取得価額 (5)-(6) | 7 | | | | | |
| 資産区分 | 種類 | 1 | | | | | |
| | 構造 | 2 | | | | | |
| | 細目 | 3 | | | | | |
| | 事業の用に供した年月 | 4 | | | | | |
| 取得価額 | 取得価額又は製作価額 | 5 | | | | | |
| | 法人税法上の圧縮記帳による積立金計上額 | 6 | | | | | |
| | 差引改定取得価額 (5)-(6) | 7 | | | | | |
| 当期の少額減価償却資産の取得価額の合計額 (7)の計 | | 8 | | | | | 250,000 |

## エ　法人税申告書別表4（簡易様式）

所得の金額の計算に関する明細書（簡易様式）

| 事業年度 | 5 . 1 . 1 — 5 . 12 . 31 | 法人名 | ㈱ＣＣ |
|---|---|---|---|

別表四（簡易様式）　令五・四・一以後終了事業年度分

| 御注意 | 区　分 | | 総　額 ① | 処　分 | | 分 | |
|---|---|---|---|---|---|---|---|
| | | | | 留　保 ② | 社　外　流　出 ③ | | |
| 2 1 | 当 期 利 益 又 は 当 期 欠 損 の 額 | 1 | 20,000,000 円 | 15,000,000 円 | 配当 | 5,000,000 円 | |
| 「52」の④欄の課税の特例等の規定の適用を受ける法人にあっては、「②」欄の金額に「③」欄の本書の金額を加算し、これから「※」の金額を加減算した額と符合することになります。 | | | | | その他 | | |
| | 損金経理をした法人税及び地方法人税（附帯税を除く。） | 2 | | | | | |
| | 損金経理をした道府県民税及び市町村民税 | 3 | | | | | |
| 加 | 損金経理をした納税充当金 | 4 | | | | | |
| | 損金経理をした附帯税（利子税を除く。）、加算金、延滞金（延納分を除く。）及び過怠税 | 5 | | | その他 | | |
| | 減 価 償 却 の 償 却 超 過 額 | 6 | 756,470 | 756,470 | | | |
| | 役 員 給 与 の 損 金 不 算 入 額 | 7 | | | その他 | | |
| | 交 際 費 等 の 損 金 不 算 入 額 | 8 | | | その他 | | |
| | 通 算 法 人 に 係 る 加 算 額（別表四付表「5」） | 9 | | | 外※ | | |
| 算 | | 10 | | | | | |
| | 小　　　計 | 11 | 756,470 | 756,470 | 外※ | | |
| | 減 価 償 却 超 過 額 の 当 期 認 容 額 | 12 | 107,419 | 107,419 | | | |
| 減 | 納税充当金から支出した事業税等の金額 | 13 | | | | | |
| | 受 取 配 当 等 の 益 金 不 算 入 額（別表八（一）「5」） | 14 | | | ※ | | |
| | 外国子会社から受ける剰余金の配当等の益金不算入額（別表八（二）「26」） | 15 | | | ※ | | |
| | 受 贈 益 の 益 金 不 算 入 額 | 16 | | | ※ | | |
| | 適 格 現 物 分 配 に 係 る 益 金 不 算 入 額 | 17 | | | ※ | | |
| | 法 人 税 等 の 中 間 納 付 額 及 び過 誤 納 に 係 る 還 付 金 額 | 18 | | | | | |
| | 所得税額等及び欠損金の繰戻しによる還付金額等 | 19 | | | ※ | | |
| | 通 算 法 人 に 係 る 減 算 額（別表四付表「10」） | 20 | | | ※ | | |
| 算 | | 21 | | | | | |
| | 小　　　計 | 22 | 107,419 | 107,419 | 外※ | | |
| | 仮　　計（1）+（11）-（22） | 23 | 20,649,051 | 20,649,051 | 外※ | 5,000,000 | |
| | 対象純支払利子等の損金不算入額（別表十七（二の二）「29」又は「34」） | 24 | | | その他 | | |
| | 超 過 利 子 額 の 損 金 算 入 額（別表十七（二の三）「10」） | 25 | △ | | ※ | △ | |
| | 仮　　計（（23）から（25）までの計） | 26 | 20,649,051 | 15,649,051 | 外※ | 5,000,000 | |
| | 寄 附 金 の 損 金 不 算 入 額（別表十四（二）「24」又は「40」） | 27 | | | その他 | | |
| | 法人税額から控除される所得税額（別表六（一）「6の③」） | 29 | | | その他 | | |
| | 税額控除の対象となる外国法人税の額（別表六（二の二）「7」） | 30 | | | その他 | | |
| | 分配時調整外国税相当額及び外国関係会社等に係る控除対象所得税額等相当額（別表六（五の二）「5の②」）+（別表十七（三の六）「1」） | 31 | | | ※ | | |
| | 合　　計（26）+（27）+（29）+（30）+（31） | 34 | 20,649,051 | 15,649,051 | 外※ | 5,000,000 | |
| | 中間申告における繰戻しによる還付に係る災害損失欠損金額の益金算入額 | 37 | | | ※ | | |
| | 非適格合併又は残余財産の全部分配等による移転資産等の譲渡利益額又は譲渡損失額 | 38 | | | ※ | | |
| | 差　　引（34）+（37）+（38） | 39 | 20,649,051 | 15,649,051 | 外※ | 5,000,000 | |
| | 更生欠損金又は民事再生等評価換えが行われる場合の再生等欠損金の損金算入額（別表七（三）「9」又は「21」） | 40 | △ | | ※ | △ | |
| | 通算対象欠損金額の損金算入額又は通算対象所得金額の益金算入額（別表七の二「5」又は「11」） | 41 | | | ※ | | |
| | 差　　引（39）+（40）±（41） | 43 | | | 外※ | | |
| | 欠 損 金 等 の 当 期 控 除 額（別表七（一）「4の計」）+（別表七（四）「10」） | 44 | △ | | ※ | △ | |
| | 総　　計（43）+（44） | 45 | | | 外※ | | |
| | 残余財産の確定の日の属する事業年度に係る事業税及び特別法人事業税の損金算入額 | 51 | △ | △ | | | |
| | 所 得 金 額 又 は 欠 損 金 額 | 52 | 20,649,051 | 15,649,051 | 外※ | 5,000,000 | |

㈿

オ　本社ビルの建物附属設備に係る取得価額の情報

| 資産種類 | 資産名称 | 数量 | 取得年月 | 取得価額 | 耐用年数 |
|---|---|---|---|---|---|
| 1 | 受変電設備 | 1 | H30.5 | 15,000,000 | 15 |
| 1 | 予備電源設備 | 1 | H30.5 | 3,000,000 | 6 |
| 1 | 外構工事 | 1 | H30.5 | 40,000,000 | 15 |

（4）償却資産申告書の作成（単独所有分）

　　電算処理方式の場合は全資産申告となるため、申告対象となる資産を（3）ア～オの財務諸表等から抽出します。

ア　固定資産台帳（減価償却明細）

　　1（4）アと同様に判断した結果、申告対象資産となるのは次のとおりです。令和4年2月に資本的支出を行った駐車機械装置（b2）については、固定資産台帳では合算して計上していますが、固定資産税（償却資産）では別個に申告します。

　　共有物（b1）については、単独所有分と別個に申告するため、この申告からは除外します。また、信託受益権所有分（a）についても、所有者が信託受託者（信託銀行等）となることから、申告対象資産とはしません。

　　この事例では、中古取得した自社ビルについて固定資産税（償却資産）の申告対象となる資産が含まれていますが、それについては前所有者の情報を基に抽出します。

新宿区内の申告対象資産

| | 資産種類 | 資産名称 | 数量 | 取得年月 | 取得価額 | 耐用年数 |
|---|---|---|---|---|---|---|
| b2 | 2 | パーキングタワー駐車機械装置 | 1 | H7.6 | 50,000,000 | 10 |
| b2 | 2 | パーキングタワー駐車機械装置改良 | 1 | R4.2 | 2,000,000 | 10 |
| c1 | 6 | 応接セット | 1 | H8.1 | 80,000 | 8 |
| c2 | 6 | キャビネット（YYY ㈱へリース） | 4 | H25.3 | 1,000,000 | 15 |
| c3 | 6 | 基幹サーバ | 1 | R5.3 | 10,000,000 | 5 |
| c4 | 6 | パソコン（Aリース㈱からのリース資産） | 5 | R5.10 | 1,000,000 | 4 |

㊟　b～cは、筆者が便宜的に付した。

イ　法人税申告書別表16（2）＜平成31事業年度のもの＞

　　固定資産台帳（減価償却明細）と同様の手順で、無形減価償却資産、新宿区外所在の資産、固定資産税（家屋）の評価対象となる資産、大型特殊自動車以外の自動車・軽自動車を除いていき、残った物を申告対象とします。

ウ　法人税申告書別表16（7）＜平成31事業年度のもの＞

　　この事例では、別表16（7）に記載されている資産1点は除外資産に当てはまらないため、申告対象となります。

新宿区内の申告対象資産

| 資産種類 | 資産名称 | 数量 | 取得年月 | 取得価額 | 耐用年数 |
|---|---|---|---|---|---|
| 6 | 事務用機械 | 1 | R1.5 | 250,000 | 5 |

エ　法人税申告書別表4（簡易様式）

　　この事例では、税務調整によって、企業会計では修繕費処理をしていたものが法人税では資本的支出扱いとなっていますので、その該当資産について、申告対象とします。

新宿区内の申告対象資産

| 資産種類 | 資産名称 | 数量 | 取得年月 | 取得価額 | 耐用年数 |
|---|---|---|---|---|---|
| 2 | パーキングタワー駐車機械装置改良 | 1 | R3.3 | 1,000,000 | 10 |

オ　本社ビルの建物附属設備に係る取得価額の情報（前所有者より聴取）

　　前所有者より聴取した新築時の当初取得価額から減価計算を行った再取得価額と、中古耐用年数により、申告します。

新宿区内の申告対象資産

| 資産種類 | 資産名称 | 数量 | 取得年月 | 取得価額 | 耐用年数 |
|---|---|---|---|---|---|
| 1 | 受変電設備 | 1 | R5.6 | 6,892,200 | 10 |
| 1 | 予備電源設備 | 1 | R5.6 | 427,716 | 2 |
| 1 | 外構工事 | 1 | R5.6 | 18,379,201 | 10 |

　抽出された申告対象資産を、種類別明細書（増加資産・全資産用）に
記入します。電算処理方式なので、全申告対象資産について、評価計算
を行ったうえで記入します。

　記入した結果は、83 ページを参照してください。

種類別明細書（増加資産・全資産用）に記入した資産の取得価額合計を
計算し、他の情報と併せて、償却資産申告書に記入します。

　記入した結果は、84 ページを参照してください。


　最後に、償却資産申告書と種類別明細書（増加資産・全資産用）とを一
緒にして新宿都税事務所に提出します。

令和　6　年度　　種類別明細書（増加資産・全資産用）

所有者の氏名又は名称：株式会社　CC

| 行番号 | 資産コード | 種類 | 資産の名称 | 数量 | 取得年月 | 取得価額 | 耐用年数 | 減価残存率 | 価格 | 課税標準額 | 増加事由 |
|---|---|---|---|---|---|---|---|---|---|---|---|
| 01 | 1 | | 受変電設備 | 1 | 5 05 06 | 6892200 | 10 | 0.897 | 6182303 | 6182303 | ① 2 3 4 |
| 02 | 1 | | 予備電源設備 | 1 | 5 05 06 | 427716 | 2 | 0.658 | 281437 | 281437 | ① 2 3 4 |
| 03 | 1 | | 外構工事 | 1 | 5 05 06 | 18379201 | 10 | 0.897 | 16486143 | 16486143 | ① 2 3 4 |
| 04 | 2 | | パーキングタワー駐車機械装置 | 1 | 4 07 06 | 50000000 | 10 | 0.794 | 2500000 | 2500000 | 1 2 3 4 |
| 05 | 2 | | パーキングタワー駐車機械設備改良 | 1 | 5 03 03 | 1000000 | 10 | 0.794 | 585675 | 585675 | 1 2 3 4 |
| 06 | 2 | | パーキングタワー駐車機械設備改良 | 1 | 5 04 02 | 2000000 | 10 | 0.794 | 1424436 | 1424436 | 1 2 3 4 |
| 07 | 6 | | 応接セット | 1 | 4 08 01 | 80000 | 8 | 0.750 | 4000 | 4000 | 1 2 3 4 |
| 08 | 6 | | キャビネット（ZZ(株)へリース） | 4 | 4 25 03 | 1000000 | 15 | 0.858 | 200855 | 200855 | 1 2 3 4 |
| 09 | 6 | | 事務用機械 | 1 | 5 01 05 | 250000 | 5 | 0.631 | 32300 | 32300 | 1 2 3 4 |
| 10 | 6 | | 基幹サーバ | 1 | 5 05 03 | 10000000 | 5 | 0.815 | 8150000 | 8150000 | ① 2 3 4 |
| 11 | 6 | | パソコン（AJ(株)からのリース資産） | 5 | 5 05 10 | 1000000 | 4 | 0.781 | 781000 | 781000 | ① 2 3 4 |
| 12 | | | | | | | | | | | 1 2 3 4 |
| 13 | | | | | | | | | | | 1 2 3 4 |
| 14 | | | | | | | | | | | 1 2 3 4 |
| 15 | | | | | | | | | | | 1 2 3 4 |
| 16 | | | | | | | | | | | 1 2 3 4 |
| 17 | | | | | | | | | | | 1 2 3 4 |
| 18 | | | | | | | | | | | 1 2 3 4 |
| 19 | | | | | | | | | | | 1 2 3 4 |
| 20 | | | | | | | | | | | 1 2 3 4 |

小計　91029117

（注）1　「取得年月」の「年号」の欄は、平成は4、令和は5を記入してください
　　　「取得年月」欄の記入は、平成31年4月取得→「4 31 04」令和元年5月取得→「5 01 05」
　　2　「増加事由」欄は、1新品取得、2中古品取得、3移動による取得、4その他のいずれかに○印を付けてください。

令和　6　年度

# 償却資産申告書（償却資産課税台帳）

| ※所有者コード | | | | | | | | | | |
|---|---|---|---|---|---|---|---|---|---|---|
| 事務所等 | 0:4:2 | | | | | | | | | 1 |

受付印

令和　6年　1月　23日

東京都　新宿　都税事務所長殿

所有者

| 1 住所 又は納税通知書送達先 | （フリガナ）トウキョウトシンジュククマルマルマチ 東京都新宿区〇〇町4-4-4 （電話 03-××××-××××　　） |
| 2 氏名 | （フリガナ）カブシキガイシャ シーシー 株式会社CC 代表取締役 新宿 一郎 |
| 法人にあっては その名称及び代表 者の氏名 | (屋号　　　　　) |

| 3 個人番号又は法人番号 | 1:2:3:4:5:6:7:8:9:1:2:3:4 |
| 4 事業種目 | 不動産貸付業 (資本金等の額) |
| 5 事業開始年月 | 平成 7 年　　7 月 |
| 6 この申告に応答する者の係及び氏名 | 新宿 花子 （電話 03-××××-××××） |
| 税理士 の氏名 | 税理士 土屋 広 （電話 03-9999-△△△△） |

50百万円

| | 8 短縮耐用年数の承認 | 有・無 |
|---|---|---|
| | 9 増加償却の届出 | 有・無 |
| | 10 非課税該当資産 | 有・無 |
| | 11 課税標準の特例 | 有・無 |
| | 12 特別償却又は圧縮記帳 | 有・無 |
| | 13 税務会計上の償却方法 | 定率法・定額法 |
| | 14 青色申告 | 有・無 |

15 市（区）町村内における事業所等資産の所在地
① 新宿区△△町「3-3-3」
②…
③…

16 借用資産（有・無）
貸主の名称等

17 事業所用家屋の所有区分　（自己所有・借家）

18 備考（添付書類等）

| 資産の種類 | 前年前に取得したもの(イ) | | 前年中に減少したもの(ロ) | | 前年中に取得したもの(ハ) | | 計(イ)-(ロ)+(ハ)(ニ) | |
|---|---|---|---|---|---|---|---|---|
| 1 構築物 | | | | | | | | |
| 2 機械及び装置 | 53000000 | | | | 25699117 | | 25699117 | |
| 3 船舶 | | | | | | | | |
| 4 航空機 | | | | | | | | |
| 5 車両及び運搬具 | | | | | | | | |
| 6 工具器具及び備品 | 1330000 | | | | 110000000 | | 12330000 | |
| 7 合計 | 54330000 | | | | 36699117 | | 91029117 | |

| 資産の種類 | 前年前に取得したもの(イ) | | 前年中に減少したもの(ロ) | | 決定価格 | | 課税標準額(ト) | | 件数 |
|---|---|---|---|---|---|---|---|---|---|
| 1 構築物 | | | | | | | | | |
| 2 機械及び装置 | 22949883 | | 22949883 | | 22949883 | | 22949883 | | 3 |
| 3 船舶 | 4510111 | | 4510111 | | 4510111 | | 4510111 | | 3 |
| 4 航空機 | | | | | | | | | |
| 5 車両及び運搬具 | | | | | | | | | |
| 6 工具器具及び備品 | 9168155 | | 9168155 | | 9168155 | | 9168155 | | 5 |
| 7 合計 | 36628149 | | 36628149 | | 36628149 | | 36628000 | | 11 |

評価額(ホ)

決定価格(ヘ)

| 一覧 | 宛名 | 納簀 | 調べ | 一品 | ○申 | 価格 | 入力 | 確認 | 税額 |

## （5）償却資産申告書の作成（共有分）

　共有資産については、共有者それぞれの持分を合計して申告します。この事例における申告対象資産は、次のとおりです（e）。

　新宿区内の申告対象資産

| 資産種類 | 資産名称 | 数量 | 取得年月 | 取得価額 | 耐用年数 |
|---|---|---|---|---|---|
| 2 | パーキングタワー駐車機械装置 | 1 | H4.2 | 90,000,000 | 10 |

　抽出された申告対象資産を、種類別明細書（増加資産・全資産用）に記入します。電算処理方式なので、全申告対象資産について、評価計算を行ったうえで記入します。評価計算を行う場合は、特別償却を考慮しないことなど、国税とは異なることに留意します。

　記入した結果は、86ページを参照してください。


　種類別明細書（増加資産・全資産用）に記入した資産の取得価額合計を計算し、他の情報と併せて、償却資産申告書に記入します。

　記入した結果は、87ページを参照してください。


　最後に、償却資産申告書と種類別明細書（増加資産・全資産用）とを一緒にして新宿都税事務所に提出します。

令和　6　年度　種類別明細書（増加資産・全資産用）

所有者の氏名又は名称：株式会社ＣＣ　外１名

氏名コード：2 2 2 3 3　　1枚のうち　1枚目

| 行番号 | 資産の種類 | 資産の名称 | 数量 | 取得年月（年号・年・月） | 取得価額 | 耐用年数 | 減価残存率 | 価額 | 課税標準額の特例・課標の特例コード | 課税標準額 | 増加事由 | 摘要 |
|---|---|---|---|---|---|---|---|---|---|---|---|---|
| 01 | 2 | パーキングタワー駐車機械装置 | 1 | 4 07 02 | 90000000 | 10 | 0.794 | 4500000 | | 4500000 | 1・2 3・4 | |
| 02 | | | | | | | | | | | 1・2 3・4 | |
| 03 | | | | | | | | | | | 1・2 3・4 | |
| 04 | | | | | | | | | | | 1・2 3・4 | |
| 05 | | | | | | | | | | | 1・2 3・4 | |
| 06 | | | | | | | | | | | 1・2 3・4 | |
| 07 | | | | | | | | | | | 1・2 3・4 | |
| 08 | | | | | | | | | | | 1・2 3・4 | |
| 09 | | | | | | | | | | | 1・2 3・4 | |
| 10 | | | | | | | | | | | 1・2 3・4 | |
| 11 | | | | | | | | | | | 1・2 3・4 | |
| 12 | | | | | | | | | | | 1・2 3・4 | |
| 13 | | | | | | | | | | | 1・2 3・4 | |
| 14 | | | | | | | | | | | 1・2 3・4 | |
| 15 | | | | | | | | | | | 1・2 3・4 | |
| 16 | | | | | | | | | | | 1・2 3・4 | |
| 17 | | | | | | | | | | | 1・2 3・4 | |
| 18 | | | | | | | | | | | 1・2 3・4 | |
| 19 | | | | | | | | | | | 1・2 3・4 | |
| 20 | | | | | | | | | | | 1・2 3・4 | |

小　計　90000000

（注）1「取得年月」の「年号」欄は、平成は4、令和は5を記入してください
「取得年月」欄の記入例：平成31年4月取得→「4 31 04」令和元年5月取得→「5 01 05」
2「増加事由」欄は、1新品取得、2中古品取得、3移動による取得、4その他のいずれかに○印を付けてください。

令和　6　年度

## 償却資産申告書（償却資産課税台帳）

受付印

令和　6 年　1 月　23 日

東京都　新宿　都税事務所長殿

|  |  |
|---|---|
| *所有者コード | |
| 事務所 | 0 4 2 |
| 氏名コード | 2 2 2 3 |
| CD 調整 | 3 1 |

所
1 住所（フリガナ）トウキョウトシンジュクク○○マチ
東京都新宿区○○町 4 - 4 - 4
（電話 03-××××-××××）
又は納税通知書送達先

有
2 氏名（フリガナ）カブシキガイシャ シーシー ホカ メイ
株式会社CC 外 1 名
法人にあつてはその名称及び代表者の氏名
代表取締役　新宿 一郎
（屋号　　　）

3 個人番号又は法人番号 1 2 3 4 5 6 7 8 9 1 2 3 4

4 事業種目 不動産貸付業 （資本金等の額 50百万円）

5 事業開始年月 平成 7 年　7 月

6 この申告に応答する者の係及び氏名 新宿 花子 （電話 03-××××-××××）

7 税理士等の氏名 税理士 広 （電話 03-9999-△△△△）

| | 短縮前耐用年数の承認 | 有 ・無 |
|---|---|---|
| 9 | 増加償却の届出 | 有 ・無 |
| 10 | 非課税該当資産 | 有 ・無 |
| 11 | 課税標準の特例 | 有 ・無 |
| 12 | 特別償却又は圧縮記帳 | 有 ・無 |
| 13 | 税務会計上の償却方法 | 定率法・定額法 |
| 14 | 青 色 申 告 | 有 ・無 |

15 市(区)町村内における事業所等資産の所在地 ① 新宿区△△町3-3-3 ②　③

貸主の名称等

16 借用資産（有・無）

17 事業所用家屋の所有区分 自己所有・借家

18 備考（添付書類等）

| 資産の種類 | 前年前に取得したもの（イ） | 前年中に減少したもの（ロ） | 前年中に取得したもの（ハ） | 計（イ）−（ロ）+（ハ）（ニ） | 評価額（ホ） | 決定価格（ヘ） | 課税標準額（ト） |
|---|---|---|---|---|---|---|---|
| 1 構築物 | | | | | | | |
| 2 機械及び装置 | 90000000 | | | 90000000 | 45000000 | 45000000 | 45000000 |
| 3 船舶 | | | | | | | |
| 4 航空機 | | | | | | | |
| 5 車両及び運搬具 | | | | | | | |
| 6 工具器具及び備品 | | | | | | | |
| 7 合計 | 90000000 | | | 90000000 | 45000000 | 45000000 | 45000000 |

件数 1

一覧　宛名　納義　調マ　価格　入力　確認　税額

# 第3章
## 償却資産の要件

# 第1節　償却資産における事業

　償却資産は、土地及び家屋以外の事業の用に供することができる資産ですが、償却資産における「事業」とは、一定の目的のために一定の行為を継続反復して行うことをいい、必ずしも営利又は収益を得ることを直接の目的とするものではありません。

　このため、法人税法又は所得税法で非課税とされている法人又は個人についても、これらの者が所有している資産で「事業の用に供することができる資産で減価償却額又は減価償却費が法人税法又は所得税法の規定による所得の計算上損金又は必要な経費に算入されるもの」は、固定資産税の課税客体である償却資産に含まれます。したがって、公益財団法人や公益社団法人等の行う活動も事業に該当します。

## 1　「事業の用に供する」とは

　「事業の用に供する」とは、生産活動等に供する資産であり、その意味するところは次のとおりです。

　①　家庭用の器具備品等については、事業の用に供していないため課税客体になりません。

　②　資産の性質上減価償却されるべきものでない棚卸資産については、課税客体になりません。

　③　「事業の用に供する」主体については、所有者がその償却資産を自己の営む事業のために使用することを要件とするものではなく、所有者自身は事業を行わず、これを他のものに貸し付けて、その他の者がこれを事業の用に供している場合等においても、課税客体である償却資産に該当します。

　④　事業を行う者がその本来の業務として行っている事業種目（定款に

掲げる事業種目）の用に直接使用することができる資産だけではなく、その事業に直接、間接を問わず使用される資産については、課税客体である償却資産に該当します。

⑤　清算中の法人についても、その法人が自らの清算業務の用に供している資産及び他の事業者に事業用資産として貸し付けている資産については、課税客体である償却資産に該当します。

## 2　「事業の用に供することができる」とは

現在事業の用に供しているもの以外にも、次のような状態のものは事業の用に供することができる償却資産として取り扱われます。

①　事業の用に供する目的をもって所有され、かつ、それが事業の用に供することができると認められる状態にあれば、課税客体である償却資産に該当します。

②　複数の部分から構成されている機械等では、その機械等の一部のみを取得したとしても、事業の用に供することができる状態とはいえないため、その機械等の一部を含む全体が実際に事業の用に供することができる状態になって償却資産を取得したことになります。

③　竣工及び使用について監督官庁の許認可を必要とする償却資産については、許認可があった日をもって償却資産を取得したものとして取り扱います。

## 3　廃棄等償却資産

現在使用されていない資産で、廃棄同様の状態にあるもの及び将来においても使用できないことが客観的に明らかな資産については、課税客体である償却資産に該当しません。

# 第2節　申告の対象になる償却資産

　申告の対象になる償却資産は、賦課期日（1月1日）現在において、事業の用に供することができる償却資産で、原則的には法人税法及び所得税法の減価償却額又は減価償却費が、損金又は必要な経費に算入されているものですが、税務計算において減価償却計算の対象とされない資産についても、申告の対象になる資産があります。

## 1　一般的な償却資産

　固定資産税においては、償却資産申告にあたり資産の種類を構築物、機械及び装置、船舶、航空機、車両及び運搬具、工具・器具及び備品に区分しています。

　以下は償却資産の種類と例示です。

| 区分 | 種類 | 対象資産の例示 | 法人税の取扱い | 固定資産税の取扱い |
|---|---|---|---|---|
| 有形固定資産 | 構築物 | 橋、岸壁、さん橋、ドック、軌道（レール、枕木、砂利）、貯水池、ダム、下水道、坑道、煙突、構内舗装、庭園、門塀、広告塔、排水その他の土工設備、緑化施設、配電線　等 | ○ | ○ |
| | 機械及び装置 | 加工機械、製造機械、冷凍・冷蔵業用設備、紡績設備、工作機械、木工機械（製材業用設備）、印刷設備、化学薬品製造設備、建設工業機械、運搬設備、金属・非金属製造設備、ホテル・旅館用設備、クリーニング設備　等 | ○ | ○ |
| | 船舶 | 漁船、油そう船、木船、モーターボート、貸ボート　等 | ○ | ○ |
| | 航空機 | 飛行機、ヘリコプター、グライダー　等 | ○ | ○ |
| | 車両運搬具 | 電車、特殊自動車（フォークリフト、レッカー車、タンク車、トラックミキサー等）、自動車、バス、自転車、リヤカー、被けんいん車、軽自動車　等 | ○ | △<br>＊注1 |

| | | | |
|---|---|---|---|
| 工具器具備品 | 活字、測定工具、事務机、椅子、キャビネット、応接セット、棚、音響機器、冷暖房機器、じゅうたん、座布団、室内装飾品、タイプライター、ワープロ、パソコン等OA機器、電話機、通信設備、時計、カメラ、映写機、看板、金庫、レントゲン装置、貸衣装、自動販売機、焼却炉、パチンコ台等の遊具　等 | ○ | ○ |
| 建物 | 工場、事務所、倉庫（土地に定着しているもの） | ○ | × |
| 建物附属設備 | 電気設備、給排水設備、衛生設備、ガス設備、冷暖房設備、ボイラー設備、昇降機設備、消火設備、火災報知設備　等 | ○ | △ ＊注2 |
| 土地 | 田、畑、宅地、山林等（立木、野草、道路等は土地ではない。） | × | × |
| 書画骨董 | 古美術品、古文書、出土品、書画、彫刻、工芸品等で複製でないもの | × | × |
| 無形固定資産 営業権等 | 鉱業権、漁業権、水利権、意匠権、商標権、営業権、特許権　等 | ○ | × |
| 土地関係 | 借地権、地上権、永小作権、地役権　等 | × | × |
| その他 | 電話加入権 | × | × |
| | ソフトウェア | ○ | × |
| 生物 ＊注3 | 植物（かんきつ樹、りんご樹等の果樹等） | ○ | × |
| | （育成中のもの） | × | × |
| | 動物（牛、馬、豚） | × | × |
| | （飼育、養殖、育成中のもの） | ○ | × |

＊注1　自動車税、軽自動車税の対象となるものは、償却資産の申告対象外となる。

＊注2　建物附属設備の所有者がその建物所有者以外の者で、当該資産を事業の用に供している場合は、その設備が本来家屋の評価対象となるものであっても、条例で定めるところにより、償却資産の申告対象となる。

＊注3　観賞用・興行用に用いられている生物は、償却資産の申告対象となる。

## 2　特殊な申告対象資産

### （1）簿外資産

　固定資産台帳等の帳簿に記載されていない資産あっても、事業の用に供することができるものについては、本来減価償却可能な性質を有してお

り、他の同種の資産との均衡上からも申告対象になります（取扱通知（市）
第3章第1節第1、6）。

## （2）償却済資産

　　法人税法及び所得税法で、減価償却が終了して残存価額のみが計上され
ている資産についても、本来減価償却できる資産であるため、その資産か
事業の用に供することができる状態におかれている限り申告対象になります

## （3）減価償却を行っていない資産

　　事業を行っている者が赤字決算、配当政策等のため、減価償却資産につ
いて減価償却を行わない場合がありますが、事業の用に供することができ
る資産であれば申告対象になります(取扱通知(市)第3章第1節第1、5)。

## （4）建設仮勘定で経理されている資産

　　建設仮勘定の資産は、一般的には稼動できる状態ではないため申告対象
になりませんが、その一部が完成し、完成した部分が賦課期日現在、事業
の用に供されている場合には、減価償却を行っているか否かにかかわらず
申告対象になります（取扱通知(市)第3章第1節第1、7）。

## （5）自転車及び荷車

　　企業が現に減価償却資産としてその減価償却額又は減価償却費を損金又
は必要な経費に算入している自転車又は荷車は、申告の対象になります。
　　なお、一般の農家、小売商店等において同一の自転車又は荷車を家事用
にも使用しているような場合には、原則として非事業用として取り扱いま
す（取扱通知(市)第3章第1節第1、9）。

## （6）大型特殊自動車

　　大型特殊自動車は、機械に車輪又は無限軌道（キャタピラ）を装着して

移動又は機動性を持たせたもので、本来、道路運送の用に供するというよりは、建設等のための機械としての効用を発揮することを主目的としていることから、自動車税の課税客体から除外されていますので、償却資産として申告対象になります。

## （7）遊休又は未稼働の資産

メンテナンス等を行い使用できる状態にある遊休資産や使用予定のある未稼働資産は、その資産が事業の用に供することができる状態にあるものとして申告対象になります（取扱通知（市）第3章第1節第1、4）。

## （8）改良費

償却資産の修理、改良費等の名義で支出した金額について、税務会計では資本的支出と修繕費に区分される場合がありますが、償却資産の使用可能期間の延長又は価値の増加をもたらす等の積極的な資本的支出は、固定資産税における改良費とされ申告対象になります。

## （9）福利厚生用資産

福利厚生用の資産は、本来の事業の用に直接供されてはいませんが、更衣室のロッカー、社員食堂の厨房設備等は、事業を行うのに必要なものとして申告の対象になります。

## （10）租税特別措置法による即時償却等の適用資産

租税特別措置法の特例を適用して損金算入した資産は、償却資産の申告対象になります。

## （11）取得価額が1点100万円未満の美術品等

「美術品等」とは、絵画や彫刻等の美術品のほか工芸品などが該当します。平成26年12月19日付で法人税法基本通達等が改正され、平成27年1月

　1日以後に取得する美術品等のうち、取得価額が1点100万円未満のものについては、減価償却資産に該当するものとして取り扱われることになりました。

　ただし、1点100万円未満の美術品等であっても、時の経過によりその価値が減少しないことが明らかな資産であれば、減価償却資産としては取り扱われません。また、逆に100万円以上の美術品であっても、会館のロビーや葬祭場のホール等不特定多数の者が利用する場所の装飾用や展示用として法人が取得するもののうち、移設することが困難なもの、かつ、他の用途に転用したとしても美術品等としての市場価値が見込まれないものについては、時の経過によってその価値が減少することが明らかなものとして減価償却資産として取り扱われることになります（法人税基本通達7－1－1、所得税基本通達2－14）。

# 第3節　申告の対象にならない資産

償却資産の申告対象にならない資産は以下のとおりです。

（1）自動車税（種別割）・軽自動車税（種別割）の課税対象となる自動車等

　　自動車、原動機付自転車、軽自動車、小型特殊自動車及び二輪の小型自動車に対しては、自動車税又は軽自動車税が課税されているので課税対象から除外されます。

　　また、登録のない自動車や無登録の小型フォークリフト等小型特殊自動車に該当するものは、本来自動車税、軽自動車税の課税客体となるべきものであることから、固定資産税の課税客体から除外されています。

　　なお、自動車に取り付けられたカーナビゲーション等の機器については、その性能、形式、構造等が自動車用として特別に設計されたもので、自動車固有の設備と認められるものであれば、例え取り外しが可能であったとしても、その設備等は自動車そのものと一体をなしているものであるため、固定資産税の課税客体から除外されます。

　　ただし、その機器等がリースによる場合は、機器等と取り付け先の自動車の所有者が同一でないため、固定資産税の課税対象となります。

（2）無形固定資産

　　鉱業権、特許権、ソフトウェア等の無形固定資産は、資産が具体的に存在するものでないため、市町村の行政サービスとの受益関係が明らかでない等により課税対象から除外されます。

（3）繰延資産

　　法人又は個人が支出する費用のうち、支出の効果がその支出の日以後一年以上におよぶもので創立費、開業費、開発費、社債発行費等の繰延資産

は、固定資産税における償却資産に含まれませんので、申告対象から除外
されます。

（4）少額資産等

① 取得価額が10万円未満又は耐用年数が1年未満のもので、当該資産
の取得に要した経費の全額が法人税法、所得税法の規定による所得の計
算上一時に損金又は必要経費に算入されるものは、償却資産の申告対象
から除外されます。

② 取得価額が20万円未満の償却資産で、事業年度ごとに一括して3年
間で減価償却を行うことを選択したものは、課税対象から除外されます。

③ 法人税法第64条の2第1項、所得税法第67条の2第1項に規定す
るリース資産で、当該リース資産の所有者が、当該リース資産を取得し
た際における取得価額が20万円未満のものは、償却資産の申告対象か
ら除外されます（平成20年4月1日以後契約締結分）。

※ 少額リース資産の取り扱いについて

　　リース資産の取り扱いについては、第1章第3節3に記載したところ
ですが、所有権移転外ファイナンス・リース資産については、法人税法
及び所得税法において上記①及び②に示す法人税法施行令及び所得税法
施行令の規定の適用対象外とされているため、少額リース資産について
このような取引の場合の判断基準を明確にする必要が生じました。

　　そのため、平成19年の税制改正により、リース資産については、当
該リース資産の所有者が当該リース資産を取得した際の取得価額が20
万円未満のものを少額資産と定義することによって、これまで少額資産
とされてきた資産が引き続き課税対象から除外されることになりまし
た。

※　少額の減価償却資産の取扱いにおける貸付資産の除外について

　　令和４年度税制改正により、国税における少額の減価償却資産の取得
　価額の損金算入制度及び一括償却資産の損金算入制度について、対象資
　産から貸付け（主要な事業として行われるものを除く。）の用に供した
　資産を除外するとされました（法人税法施行令第133条、133条の２、
　所得税法施行令138条、139条、租税特別措置法第28条の２、第67
　条の５、租税特別措置法施行令第18条の５、第39条の28）。

　　これは、自らが行う事業では使用しない少額の資産を大量に取得して、
　その資産を他企業等に貸し付けるといった節税等に用いられることを制
　御するため、対象資産の範囲について改正がなされたものです。この改
　正に伴い、償却資産に係る固定資産税について、これに準じて所要の措
　置を講ずることとされました（令和５年度課税分から適用）。

＜参考＞

## 少額の減価償却資産の取り扱い

　地方税法第341条第4号及び地方税法施行令第49条の規定により、固定資産税（償却資産）の申告対象から除かれる、いわゆる「少額資産」とは、取得価額10万円未満の資産のうち一時に損金算入したもの、取得価額20万円未満の資産のうち3年間で一括償却したものをいいます。このことから、租税特別措置法の規定により、中小企業特例を適用して損金算入した資産については、固定資産税（償却資産）の申告の対象となります（表1参照）。

（表1）　　　　　　　　　　　　　　　　　　　　○＝申告対象　×＝申告対象外

| 償却方法＼取得価額 | 10万円未満 | 10万円以上20万円未満 | 20万円以上30万円未満 | 30万円以上 |
|---|---|---|---|---|
| 個別減価償却（＊1） | ○ | ○ | ○ | ○ |
| 中小企業特例（＊2・＊5） | ○ | ○ | ○ | |
| 一時損金算入（＊3・＊5） | × | | | |
| 3年一括償却（＊4・＊5） | × | × | | |

（＊1）　個人の方については、平成10年4月1日以後開始の事業年度に取得した10万円未満の資産はすべて必要経費となるため、個別に減価償却することはありません。
（＊2）　中小企業特例を適用できるのは、平成15年4月1日から令和6年3月31日までに取得した資産です（租税特別措置法第28条の2、第67条の5）。ただし、取得価額が10万円未満で中小企業特例を適用できるのは、平成15年4月1日から平成18年3月31日までに取得した資産となります。
（＊3）　法人税法施行令第133条又は所得税法施行令第138条
（＊4）　法人税法施行令第133条の2第1項又は所得税法施行令第139条第1項
（＊5）　令和4年4月1日以降に取得した資産のうち、貸付け（主要な事業として行われるものを除く。）の用に供した資産は、当該償却方法の対象外となります。

　また、地方税法施行令第49条ただし書により、法人税法第64条の2第1項又は所得税法第67条の2第1項に規定するリース資産については、取得価額が20万円未満の資産は固定資産税（償却資産）の申告対象から除かれます（平成20年4月1日以後契約締結分）。よって、表1で申告対象となっている場合でも、当該リース資産で取得価額が20万円未満であれば申告対象外となります（表2参照）。

（表2）　　　　　　　　　　　　　　　　　　　　○＝申告対象　×＝申告対象外

| 資産内容＼取得価額 | 10万円未満 | 10万円以上20万円未満 | 20万円以上30万円未満 | 30万円以上 |
|---|---|---|---|---|
| 法人税法第64条の2第1項又は所得税法第67条の2第1項に規定するリース資産 | × | × | ○ | ○ |

# 第 4 節　償却資産の認定

　固定資産税の課税客体である償却資産は、「土地及び家屋以外の事業に供することができる資産」（法第 341 条第 4 号）とされており、償却資産の認定については、土地及び家屋に該当するかどうかを判断する必要があります。

## 1　土地との区分

　土地とは、「田、畑、宅地、塩田、鉱泉地、池沼、山林、牧場、原野その他の土地をいう。」（法第 341 条第 2 号）とされ、不動産登記法にいう土地の意義と同様のものです。
　土地に付加されて事業に供される資産で、税務計算上、減価償却資産として損金経理されるものは、原則として償却資産として取り扱います。
　土地に付加されている償却資産には、次のような資産があります。
　　①　土地に定着する岸壁、橋、さん橋、ドック、軌道（枕木、砂利を含む）、貯水池、坑道。
　　②　道路の舗装部分（舗装部分の造成に要した費用）及び工場の構内、作業広場、駐車場、飛行場の滑走路等の舗装部分。
　　③　庭園、緑化施設、人工芝。

> **Q.**　旅館等の庭は固定資産税の課税客体になるのか。
>
> **A.**　旅館等の庭の泉水、灯籠、築山、東屋、花壇、植樹等は、庭園として減価償却の対象とされますので、固定資産税の課税客体になります。

## 2　家屋との区分

　家屋に取り付けられた設備であっても償却資産として取り扱われるものもあり、このことが償却資産の申告を難しくしている一因となっています。償却資産の申告担当者は、まず家屋についての判断基準や建築設備の考え方を正しく理解し、その資産を家屋と償却資産に区分する必要があります。

### (1) 家屋の認定基準

　地方税法及び評価基準には、家屋の認定基準は明確には示されてはおらず、取扱通知（市）第3章第1節第1、2において「家屋とは不動産登記法の建物とその意義を同じくするものであり、したがって登記簿に登記されるべき建物をいうものであること。」として、不動産登記法の取り扱いに準じて家屋の認定を行っています。

　そこで、不動産登記法上における建物認定基準によれば、不動産登記規則第111条に「建物は、屋根及び周壁又はこれらに類するものを有し、土地に定着した建造物であって、その目的とする用途に供し得る状態にあるものでなければならない。」と規定されています。

　この規定から、家屋とは、一般的には、土地に定着して建造され（土地定着性）、屋根及び周壁又はこれらに類するものを有し、独立して風雨を凌ぎ得る外界から遮断された一定の空間を有する建造物であり（外気分断性）、居住、作業、貯蔵等の用途に供し得る状態にあるもの（用途性）をいうものと解されており、この三要件を総合的に検討し、社会通念により判断するものです。

### ①　土地定着性について

　土地定着性とは、一般には「建物が土地に定着して移動できないこと」と定義されていますが、建物認定基準の「建物として取り扱わないもの」の中に「機械上に建設した造物。ただし、地下に基脚を有し、又は支柱を施したものを除く。」という項目があり、これから類推すれば、直

接土地に定着している場合だけでなく、物理的に他の土地へ移動して利用することが容易でないことであり、その建物の大きさ、重さ、構造、基礎の程度等により判断し、また建てられた場所において継続して利用されることをいうものです。

② 外気分断性について

　建物認定基準によれば、停車場や野球場は「周壁又はこれに類するもの」がなくても、外気分断性の要件をクリアして家屋と認められますが、アーケード付街路は、柱・屋根があり周壁がなく、おおむね停車場や野球場と同様の構造ですが、家屋とは認められていません。

　これは、停車場や野球場は人や物が滞留することを前提に建造され、その利用目的のためには、周壁を四方に設けることができないものであり、アーケード付街路は、人や貨物が滞留することを目的に建造されたものではなく、単に人が一時的に利用するためのものであるためです。

　このように、周壁の有無や、周壁がどの程度必要なのかの判断は、特に車庫などの判断において難しいものですが、一般の居宅や事務所等では四方に周壁があるのが普通です。しかしながら、建造物には種々の構造や用途があり、その目的とする用途の建物が、社会通念上最低限度持つべきと認められる効用を有するのに必要な程度の周壁を有するか否かにより判断するものです。

　なお、簡易な温室などに用いられているビニールの周壁は、外気を分断する周壁の耐久性に乏しく、建物として認定することはできません。

③ 用途性について

　建物認定基準にいう「その目的とする用途に供し得る状態にあるもの」とは、その建造物が一定の「生活空間」「人貨の滞留性」を有し、その目的とする用途に供し得る状態になったか否かにより判断するものです。

　このように、家屋と認められるには、「土地定着性」「外気分断性」「用途性」の三つの要件を満たす必要がありますが、実際には、これらの判定

が困難な場合もあります。そこで、不動産登記事務取扱手続準則第77条では、建物であるかどうか定めがたい建造物については、同条各号に掲げられた例示から類推し、利用状況を勘案して判定するものとされています。

不動産登記事務取扱手続準則（抄）
　（建物認定の基準）
第77条　建物の認定に当たっては、次の例示から類推し、その利用状況等を勘案して判定するものとする。
　一　建物として取り扱うもの
　　ア　停車場の乗降場又は荷物積卸場。ただし上屋を有する部分に限る。
　　イ　野球場又は競馬場の観覧席。ただし、屋根を有する部分に限る。
　　ウ　ガード下を利用して築造した店舗、倉庫等の建造物
　　エ　地下停車場、地下駐車場又は地下街の建造物
　　オ　園芸又は農耕用の温床施設。ただし、半永久的な建造物と認められるものに限る。
　二　建物として取り扱わないもの
　　ア　ガスタンク、石油タンク又は給水タンク
　　イ　機械上に建設した建造物。ただし、地上に基脚を有し、又は支柱を施したものを除く。
　　ウ　浮船を利用したもの。ただし、固定しているものを除く。
　　エ　アーケード付街路（公衆用道路上に屋根覆いを施した部分）
　　オ　容易に運搬することができる切符売場又は入場券売場等

　なお、事業用家屋であってその家屋の全部又は一部がそれに附設する構築物とその区分が明瞭ではなく、その所有者の資産区分においても構築物として経理されているものについては、その区分の不明確な部分を償却資産として取り扱うことが適当であるとされています。（取扱通知(市)第3章第1節第1、3）

家屋の判断事例

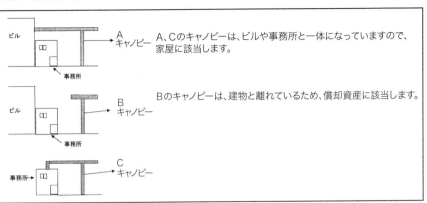

A、Cのキャノピーは、ビルや事務所と一体になっていますので、家屋に該当します。

Bのキャノピーは、建物と離れているため、償却資産に該当します。

Q. 　下記のような構造を有する園芸用ハウスは、家屋として認定して差し支えないか。

一　基礎　鉄筋コンクリート基礎（布基礎）

二　主体構造部　鉄骨造り

三　屋根外周壁　ガラス張り

四　その他　軒高2ｍ　面積99㎡

A. 　屋根及び外周壁のガラスは、恒常的な資材と考えられることから、家屋と認定して差し支えないものと思料される。

**Q.** 下記の建造物を家屋として認定してよいか。
（A）① 構造　軽量鉄骨造
② 床面積　45㎡
③ 周壁等は全くなし
④ 用途　資材置場
（B）① 構造　鉄パイプ構造
② 床面積　14㎡
③ 屋根及び四周壁　伸縮構造、クロス（取り外し可能）
④ 用途　車庫

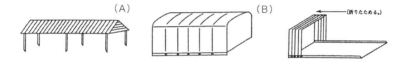

**A.** （A）（B）とも家屋と認定することはできない。

**Q.** ゴルフ場内にある下記避難小屋について、家屋に該当すると思われるがどうか。
（1）目的　ゴルフ場内の数カ所に建てられた、風雨、雷等の避難小屋
（2）（イ）屋根、柱、床を有し、木造
（ロ）外壁を有しない
（ハ）軒高2.5m

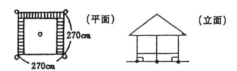

**A.** 一般に社会通念上家屋とは、屋根及び周壁又はこれに類するものを有し、土地に定着した建造物であるとされている。事例の建造物は家屋としての構造上の要件を欠くものであり、単にそれのみでは家屋とはいえないものである。

## （2）建築設備の認定基準

　家屋は、居住、作業、貯蔵等その他の目的に必要な外界から遮断された空間を提供することをその使命とするものであり、その目的とする機能を十分に発揮せしめるために、それぞれの目的に適した設備が施されています。

　このような目的により家屋に設置される設備は多種多様ですが、これらのうち家屋に含めて評価する建築設備は、評価基準で「家屋の所有者が所有する電気設備、ガス設備、給水設備、排水設備、衛生設備、冷暖房設備、空調設備、防災設備、運搬設備、清掃設備等の建築設備で、家屋に取り付けられ、家屋と構造上一体となって、家屋の効用を高めるものについては、家屋に含めて評価するものとする。」（評価基準第2章第1節七　建築設備の評価）と規定されています。

　このように、「家屋の所有者が所有する」、「家屋に取り付けられ、家屋と構造上一体になっている」及び「家屋の効用を高めるもの」が、家屋に含めて評価するための建築設備の要件になっています。

### ①「家屋の所有者が所有する」ことの要件

　「家屋の所有者が所有する」とは、家屋の所有者が当該建築設備の所有権を有するものであることをいいます。

　なお、家屋の所有者以外の者によって、当該家屋に取り付けられたものが、毀損しなければ分離し得ない程度に、又は分離のために過分の費用を要する程度に結合している場合で、これらが当該家屋の構成部分の一部として他の部分と不可分一体をなし、取引上独立性を失うに至るような場合には、たとえそれが権限に基づいて付合されたものでも、民法第242条（不動産の付合）の規定により、当該不動産の所有者が所有権を取得することとなり、このようにして所有権を取得した場合も「家屋の所有者が所有する」に該当します。

　一般的には、家屋の所有者以外の者が施工した内装仕上げ等が考えら

れます。

　　民法（不動産の付合）
　　第242条　不動産の所有者は、その不動産に従として付合した物の所
　　　　有権を取得する。ただし、権原（注）によってその物を附属させた
　　　　他人の権利を妨げない。
　　　（注）権原……他人の不動産に動産を付属させてその不動産を利用する権利の
　　　　　意味であって、地上権、賃借権等をいう。


②「家屋に取り付けられ、家屋と構造上一体となっている」ことの要件
　　評価基準においては、家屋に固定されて構造上一体となっているもの
　について家屋に含めて評価することとされており、同一の設備であって
　も、その設備の取り付け状況によって、家屋の評価に含めるものと含め
　ないものが生ずることになります。
　　建築設備の「家屋に取り付けられ、家屋と構造上一体となっている」
　ことの判断基準は、概ね次によるものです。
　　　ア　家屋の評価に含める建築設備は、当該家屋の特定の場所に固定さ
　　　　れているものであること。すなわち取り外しが容易で、別の場所に
　　　　自在に移動できるものは含めません。
　　　イ　固定されていない配線等であっても、壁仕上げ、天井仕上げ、床仕
　　　　上げ等の裏側に取りつけられているものは、構造上一体となってい
　　　　るものとして、家屋に含めます。
　　　ウ　屋外に設置されている電気の配線及びガス・水道の配管並びに家
　　　　屋から独立して設置された焼却炉等は、家屋と構造上一体となって
　　　　いるものではないので、家屋に含めません。
　　　エ　給水設備の給水タンク、給湯式浴槽に給湯する給湯器、空調設備
　　　　の屋外機等屋外に設置されたものであっても、配管、配線等により
　　　　屋内の機器と一体となって一式の建築設備としての効用を発揮して

いるものについては、当該一式の建築設備について判定するものです。

オ　LED電球、蛍光管のような消耗品に属するものは、家屋に含めません。

③「家屋の効用を高めるもの」の要件

「家屋の効用を高めるもの」とは、当該建築設備を備えることによって、家屋自体の利便性が高まるものです。したがって、特定の生産又は業務の用に供されるものは、家屋の評価に含まれないものです。

例えば、店舗のネオンサイン、冷蔵倉庫における冷凍設備、ホテルにおける厨房設備、洗濯設備等がこれに該当するものです。

なお、自家発電設備、受変電設備は、設置状況、使用実態等にかかわらず、家屋の建築設備に含まれないものです。

## （3）家屋の賃借人等が施した内装、設備等の取り扱い

固定資産税は、固定資産の所有者を納税義務者とする、いわゆる所有者課税主義を採用していることから、前記(2)①で説明したとおり、賃借人等が付加した附帯設備（内装、建築設備等）についても、その付加した資産の施工の状況等により分離復旧することが事実上不可能になるか、分離のために過分の費用を要する程度に家屋本体と付合している場合は、民法第242条の規定により、家屋の所有者に所有権が帰属します。

また、それ以外の建築設備等については、民法242条ただし書きの規定により、その所有権は取り付けた者に帰属します。

## 建築設備の家屋と償却資産の判断事例

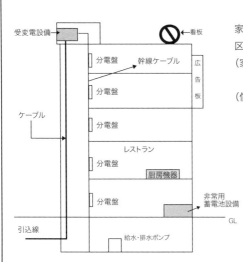

家屋に附帯している設備等の家屋と償却資産の
区分は、次のとおりです。
(家屋に該当)
　分電盤、幹線ケーブル、給水・排水ポンプ
(償却資産に該当)
　引込線、ケーブル、受変電設備、
　非常用蓄電池設備、看板、広告板、厨房機器

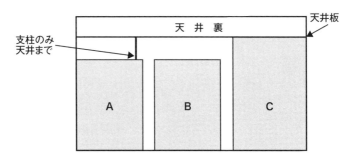

一般的な既製間仕切は、次のように取り扱われます。
　Aは、パネルは途中まですが、支柱が天井まで施工されているため、家屋です。
　Bは、パネルが天井まで行っていませんので、償却資産に該当します。
　Cは、パネルが天井まで行っているため、家屋です。

**Q.**　法第341条第4号の規定において償却資産の範囲について定義されているが、この場合、家屋の附帯設備（エレベーター、リフト等）等については、固定資産税においては、すべて家屋に含めて評価し、課税することとされているが、税務会計上、耐用年数等の関係により、家屋と切り離し、「機械装置」等に分類し、償却資産として取り扱われている場合にあっては、償却資産とすべきではないか。

**A.**　固定資産税における家屋の評価に当たり、家屋に含めて評価するものとされる建築設備は、当該家屋の所有者が所有する建築設備で当該家屋に取り付けられ、当該家屋と構造上一体となっているものをいうのであり、したがって、質問のエレベーター等についてもこの要件をみたす限り、税務会計上の取り扱い如何にかかわらず、家屋として固定資産税の課税客体となる。

**Q.**　家屋に取り付けられたエレベーター等の建築設備について、それがリース会社に所有権を留保している物（契約期間満了後賃借人に無償譲渡される契約になっている物）である場合、民法第242条の規定により、当該家屋に付合された物として家屋の評価に含めて家屋の所有者に固定資産税を課税することができるか。

**A.**　家屋の所有者がリースによってエレベーター等の建築設備を取り付けた場合については、それが家屋の評価において通常家屋に含めるべき建築設備であり、民法第242条の付合の要件を充足するものであれば、家屋に付合する物として家屋の所有者に対して固定資産税を課すべきものである。

## （4）特定附帯設備の取り扱い

　家屋の賃借人等が施した内装、設備等は、原則として（3）で示したように付合の強弱によりその帰属が決まりますが、平成16年度の地方税法の改正により、家屋の附帯設備に係るみなし規定（法第343条第10項）が創設され、この規定に基づき各市町村で条例を制定すれば、新増築分家屋、在来分家屋にかかわらず、特定附帯設備に該当すれば賃借人が償却資産として申告できるようになりました。

　特定附帯設備とは、家屋の附帯設備のうち家屋の所有者以外の者であるテナント等が、その事業の用に供するために取り付けたもので、かつ、家屋に付合したことにより当該家屋の所有者が所有することになった建築設備や内部仕上げ材等の附帯設備をいうものです。

　この特定附帯設備は、当該テナント等の事業の用に供することができる資産である場合に限り、当該テナント等を所有者とみなし、また、当該特定附帯設備のうち家屋に属する部分は家屋以外の資産、つまり償却資産とみなし、固定資産税を課税することができるとする特例として設けられた制度です。

　なお、この規定を適用する市町村においては、市町村内の課税の公平性を確保するために、家屋の所有者、特定附帯設備を取り付けた者の意思にかかわらず、当該市町村内の全ての家屋について適用されます。

　この取り扱いは、賃貸借契約等の実態や納税者意識に合致し、家屋と償却資産の資産区分を明確にできるため、東京都特別区をはじめ多くの市町村で導入されています。

法第 343 条第 10 項のイメージ（▨▨部分が適用対象）

| 家屋の附帯設備 | 付合の成否 | 課税関係 | |
|---|---|---|---|
| | | 原則 | 本規定適用 |
| 家屋に属する部分（家屋のうち附帯設備に属する部分その他総務省令で定めるもの） | 付合する状態にある | 家屋<br>家屋の所有者に課税 | 償却資産<br>取り付けた者に課税 |
| | 付合する状態にない | 償却資産 | 償却資産 |
| 家屋に属さない部分（上記以外の部分） | 付合する状態にある | 償却資産<br>家屋の所有者に課税 | 償却資産<br>取り付けた者に課税 |
| | 付合する状態にない | 償却資産 | 償却資産 |

※　「家屋に属さない部分」の課税関係は、当該部分が事業の用に供することができる場合に限る。

## 東京スカイツリーは家屋か償却資産か

**Q.** 平成24年5月、東京都墨田区に東京スカイツリーが完成し、電波塔として開業しました。

東京スカイツリーには、電波塔としての役割のほかに、地上450メートルと350メートルの位置に展望室が設けられていますが、この構築物は家屋か償却資産のどちらに該当するでしょうか。

　構　造：鉄骨造、鉄骨鉄筋コンクリート造、鉄筋コンクリート造

　高　さ：634メートル

　用　途：電波塔、展望室

**A.** 展望室部分は、支柱により土地に定着しており、屋根及び外気分断性もあり、展望室として利用され用途性もありますので、家屋に該当します。

また、展望室を支えているタワー部分は、電波塔の役割を果たしており、償却資産に該当するものです。

## ＜家屋と償却資産の区分表（主な設備の例示）＞

| 設備等の種類 | 設備等の分類 | 設備等の内容 | 区分 家屋 | 区分 償却資産 |
|---|---|---|---|---|
| 建築工事 | 内装・造作等 | 床・壁・天井仕上、店舗造作等工事一式 | ○ | |
| 電気設備 | 受変電設備 | 設備一式 | | ◎ |
| | 予備電源設備 | 発電機設備、蓄電池設備、無停電電源設備等 | | ◎ |
| | 中央監視設備 | 設備一式 | | ◎ |
| | 電灯設備 | 屋外設備一式、非常用照明器具 | | ◎ |
| | | 屋内設備一式 | ○ | |
| | 電力引込設備 | 引込工事 | | ◎ |
| | 動力配線設備 | 特定の生産又は業務用設備 | | ◎ |
| | | 上記以外の設備 | ○ | |
| | 電話配線設備 | 電話機、交換機等の機器 | | ◎ |
| | | 配管・配線、端子盤等 | ○ | |
| | ＬＡＮ設備 | 設備一式 | | ◎ |
| | 放送・拡声設備 | マイク、スピーカー、アンプ等の機器 | | ◎ |
| | | 配管・配線等 | ○ | |
| | インターホン設備 | 集合玄関機等、親機・子機等 | ○ | |
| | 監視カメラ（ＩＴＶ）設備 | 受像機（テレビ）、カメラ | | ◎ |
| | | 配管・配線等 | ○ | |
| | 避雷設備 | 設備一式 | ○ | |
| | 火災報知設備 | 設備一式 | ○ | |
| | 呼出表示設備 | 設備一式 | ○ | |
| 給排水衛生設備 | 給排水設備 | 屋外設備、引込工事、特定の生産又は業務用設備 | | ◎ |
| | | 配管、高架水槽、受水槽、ポンプ等 | ○ | |
| | 給湯設備 | 局所式給湯設備（電気温水器・湯沸器用） | | ◎ |
| | | 局所式給湯設備(ユニットバス用、床暖房用等)中央式給湯設備 | ○ | |
| | ガス設備 | 屋外設備、引込工事、特定の生産又は業務用設備 | | ◎ |
| | | 屋内の配管等 | ○ | |
| | 衛生設備 | 設備一式（洗面器、大小便器等） | ○ | |
| | 消火設備 | 消火器、避難器具、ホース及びノズル、ガスボンベ等 | | ◎ |
| | | 消火栓設備、スプリンクラー設備等 | ○ | |
| 空調設備 | 空調設備 | ムールエアコン(壁掛型)、特定の生産又は業務用設備 | | ◎ |
| | | 上記以外の設備 | ○ | |
| | 換気設備 | 特定の生産又は業務用設備 | | ◎ |
| | | 上記以外の設備 | ○ | |
| その他の設備等 | 運搬設備 | 工場用ベルトコンベア | | ◎ |
| | | エレベーター、エスカレーター、小荷物専用昇降機等 | ○ | |
| | 厨房設備 | 顧客の求めに応じるサービス設備(飲食店・ホテル・百貨店等)、寮・病院・社員食堂等の厨房設備等 | | ◎ |
| | | 上記以外の設備 | ◎ | |
| | その他の設備 | 洗濯設備、冷蔵・冷凍倉庫における冷却装置、ろ過装置、ＰＯＳシステム、広告塔、ネオンサイン、文字看板、袖看板、簡易間仕切（衝立）、機械式駐車設備（ターンテーブルを含む）、駐輪設備、ゴミ処理設備、メールボックス、カーテン・ブラインド等 | | ◎ |
| 外構工事 | 外構工事 | 工事一式（門、塀、緑化施設等） | | ◎ |

※　法第343条第10項の規定が適用される場合、上記の表の「家屋」に区分される設備等については、償却資産として取り扱われます。

# 第5節　国税との主な違い

　固定資産税（償却資産）は、その課税対象として基本的には国税上の有形減価償却資産を想定していること、その評価額算出に際し国税における規定を参照していることから、法人税・所得税の法規と密接な関係があります。

　ただし、いままで説明してきたように、国税上の有形減価償却資産が直ちに固定資産税（償却資産）の課税対象となるわけではありませんし、国税における減価償却額・減価償却費の計算方法がそのまま固定資産税（償却資産）における評価計算の方法になるわけでもありません。また、国税上の減価償却を行う者と、固定資産税（償却資産）の申告を行う納税義務者が一致しない場合もあります。

　固定資産税（償却資産）における減価償却の計算は、その資産の賦課期日現在の価格（評価額）を求めるために行われるものです。国税では、各事業年度の課税対象となるべき所得を計算するうえで一要素となる減価償却額・減価償却費を算出するために行う計算ですので、目的の違いにより、おのずと計算方法等にも違いが出てきます。また、固定資産税（償却資産）の法的根拠は地方税法であり、法人税法・所得税法とその関連令規については、法第341条第4号（償却資産の定義）、法施行令第49条（少額資産の定義）及び評価基準において参照しているに過ぎません。

　ここでは、前に説明してきたことの繰り返しになる部分もありますが、国税準拠と考えられがちな固定資産税（償却資産）の評価計算等について、国税と取り扱いが異なる点を説明します。

| 項　　目 | 国税の取り扱い | 固定資産税（償却資産）の取り扱い |
|---|---|---|
| (1)　減価償却計算の基準日 | 事業年度（決算期） | 賦課期日（1月1日） |
| (2)　減価償却の方法 | 定率法・定額法等の選択制度（建物については定額法） | 実質的に旧定率法のみ |

| (3) | 前年中の新規取得資産 | 月割償却 | 半年償却 |
|---|---|---|---|
| (4) | 圧縮記帳 | 認められる | 認められない |
| (5) | 特別償却・割増償却 | 認められる | 認められない |
| (6) | 評価額の最低限度 | 備忘価額（1円） | 取得価額の100分の5 |
| (7) | 中小企業者等の少額資産の損金算入の特例 | 認められる | 金額にかかわらず、認められない |
| (8) | リース資産（H20.4.1以後契約分） | 借主が減価償却 | 所有者（ほとんどの場合は貸主）が申告 |
| (9) | 資本的支出 | ケースにより合算・区分 | 全て区分 |
| (10) | 信託資産 | 原則として受益者が減価償却 | 所有者（ほとんどの場合は受託者）が申告 |
| (11) | 共有資産 | 持分それぞれを減価償却 | 持分を合算して、共有者名義で申告 |
| (12) | 耐用年数省令改正による耐用年数変更 | 事業年度（決算期）によって適用時期が異なる | 改正後の年度から一律適用 |

## （1）減価償却計算の基準日

　法人税では事業年度制度をとっており、それぞれの法人が定めた事業年度終了時（及び開始時）が減価償却計算の基準日となりますが、固定資産税（償却資産）では、毎年1月1日が減価償却計算の基準日となります。

※　法人税においては、法人税法第13条により各法人ごとに定めた会計期間（事業年度）ごとに減価償却計算を行います。会計期間の始期・終期となる月は法人が選べるため、それによる決算期日は法人ごとに異なってきます。

　固定資産税（償却資産）においては、「固定資産税の賦課期日は、当該年度の初日の属する年の1月1日とする。」（法第359条）としており、また、「償却資産に対して課する固定資産税の課税標準は、賦課期日における当該償却資産の価格で償却資産課税台帳に登録されたものとする。」（法第349条の2）としていることから、法人税の決算期に関係なく、

1月1日が減価償却計算の基準日となるものです。耐用年数の変更等を考慮しなければ12月末決算の法人と同様に見えますが、基準日が12月31日と1月1日であることの違いにより、耐用年数の省令改正による変更等の取り扱いが異なってくるため、全く同じであるとはいえません。

　なお、所得税については、1月1日から12月31日までの減価償却を計算するため、12月末決算法人と類似していることになります。

　この違いがあることから、法人及び個人事業者は、それぞれの決算期等の時期だけに固定資産の増減等の状況を確認すれば良いのではなく、固定資産税（償却資産）の申告のために、1月1日時点での有形固定資産の増減等状況を確認することが必要となってきます。毎月ごとに決算作業や固定資産の整理作業を行っているのでなければ、一般的には、前年の決算期日から当該年1月1日までの有形固定資産の増減等の動きを、仕訳帳・総勘定元帳等により把握することになります。電算処理方式による申告の場合は、評価額等を事業者が計算することになるため、企業会計・税務会計の減価償却計算とは別に、固定資産税（償却資産）申告用の減価償却計算が必要となってきます（基準日の違い以外にも、後述するように、減価償却計算における減価率についても国税と固定資産税（償却資産）で違いがあることから、別途の計算が必要となります）。

## （2）減価償却の方法

　国税では主として旧定額法・旧定率法・定額法・定率法・リース期間定額法等の方法がありますが、その中で固定資産税（償却資産）で使用するのは、実質的に旧定率法のみとなります（厳密には、評価基準に定められた方法ということであり、旧定率法そのものを使用しているわけではないのですが、前年度価額に減価率を乗じて現年度価額を求めるという定率法的な算出方法と、耐用年数に応じて設定されている減価率が旧定率法と同様となっています）。

※　国税での償却方法としては他にも生産高比例法等がありますし、固定

資産税（償却資産）での償却方法についても、取替資産の評価の特例・鉱業用坑道の評価の特例といったものがありますが、いずれも、鉄道業・鉱業以外の事業者が採用することはありません。

※　固定資産税（償却資産）の評価計算で使用する減価率は、評価基準の「耐用年数に応ずる減価率表」(別表第15)に記載されたものを用います。この減価率は、耐用年数省令の「平成十九年三月三十一日以前に取得をされた減価償却資産の償却率表」(別表第7 )に記載された旧定率法の償却率と同一となっています。

　　平成19年4月の耐用年数省令改正の結果、国税では従来の定額法・定率法が平成19年3月31日以前の取得資産への適用となり、平成19年4月1日以後の取得資産については、新たに設定された定額法・定率法が適用されることになりましたが、それに合わせて評価基準の「耐用年数に応ずる減価率表」は改正されませんでした。従来から、建物等については、国税で定額法償却を行っていても固定資産税（償却資産）では別方法による計算が必要でしたが、減価償却方法については、国税向けと固定資産税（償却資産）向けでの別個の管理が、より必要になりました。

**(3) 前年中の新規取得資産**

　　国税では月割償却となりますが、固定資産税（償却資産）では、取得月にかかわらず、半年償却となります（実質的には、全て7月取得と見なすかたちになります）。

※　国税では、法人税法施行令第59条又は所得税法施行令第132条により月割償却となりますが、固定資産税（償却資産）では、評価基準第3章第1節二により半年償却となります。

　　なお、固定資産税（償却資産）において半年償却を行っている理由としては、取得月ごとに減価償却費の計算を行うことは実務上煩雑であること、取得月ごとに減価償却費の計算を行っても、前年の中央となる時

点に取得されたものとみなして減価償却費の計算を行っても、結果において大差がないと考えられること等が挙げられます。

## （4）圧縮記帳

　国税では圧縮記帳の制度がありますが、固定資産税（償却資産）では、財産課税という性格上、その適用が認められていません。

　したがって、国税における圧縮記帳の適用で直接減額方式をとっている場合には、国税上の取得価額に圧縮記帳による減額分を加えた額を取得価額として申告する必要があります。

※　国税における圧縮記帳の制度は、国庫補助金等により資産を取得したとき、それらの補助金等の額が受贈益または譲渡益等で当初に課税されることを避けるために採り入れられたものです。しかし、固定資産税においては、取得時における正常な価格を課税標準としなければならないことから、償却資産の評価を行う際には圧縮額を含めた額を取得価額とします。

## （5）特別償却・割増償却

　国税では租税特別措置法による特別償却・割増償却が認められていますが、固定資産税（償却資産）では、財産課税という性格上、その適用が認められていません。

　したがって、電算処理方式による申告をするために固定資産税（償却資産）の評価計算を行う場合は、国税で特別償却を行っている資産について、特別償却による上乗せ償却率を適用しないように注意する必要があります。

※　これは、評価基準において、租税特別措置法による特別償却・割増償却を適用するとの規定がないためです。

　国税における特別償却・割増償却は、国民経済的立場から、設備の近代化、基幹産業の育成、輸出振興等に貢献する固定資産の早期取得を促

すために、固定資産取得の初年度の法人税等の負担を一時軽減し課税の繰り延べを行う制度です。しかし、固定資産税においては、資産税に係る資産の適正評価が必要とされる性格上、償却資産の評価を行う場合に、特別償却・割増償却の対象となることによって資産の価値が下がるとは考えられないことから、評価計算における適用は不適切であるという理由により、その適用がありません。

## 〔6〕評価額の最低限度

　国税では備忘価額１円まで償却が可能ですが、固定資産税（償却資産）では取得価額の５％に当たる額が評価額の最低限度となります。

※　平成19年３月末の法人税法・所得税法改正までは、国税においても、堅牢構築物以外の減価償却資産の償却可能限度額は、基本的に取得価額の95％でしたので、最低残存簿価が固定資産税（償却資産）における最低評価額と一致していました。しかし、平成19年の国税における減価償却制度改正に合わせるかたちで評価基準の該当規定が改正されませんでしたので、両者の最低残存価額が異なることになりました。

## 〔7〕中小企業者等の少額資産の損金算入の特例

　国税において、租税特別措置法に規定する「中小企業者等の少額資産の損金算入の特例」を適用した減価償却資産については、固定資産税（償却資産）では、課税対象となります。

※　固定資産税（償却資産）の課税対象とならない少額資産については、法施行令第49条において規定されており、租税特別措置法により損金算入した資産は、この条文に記載されていないことから、少額資産とはならず課税対象となります。

　この「中小企業者等の少額資産の損金算入の特例」とは、租税特別措置法第28条の２及び第67条の５に規定されています。

　この件に限らず、租税特別措置法の規定により固定資産税（償却資産）

の評価額が変わることはありません。

　なお、令和4年4月1日以降に取得した資産のうち、貸付け（主要な業務として行われるものを除く。）の用に供した資産は、この特例の対象外となります。第3節（4）少額資産等も参照してください。


（8）リース資産の取り扱い

　平成20年4月1日以後契約分の所有権移転外ファイナンスリース資産について、国税では借主が減価償却を行いますが、固定資産税（償却資産）では所有者である貸主が納税義務者となり申告します。また、耐用年数についても、国税ではリース期間定額法により償却することから、リース期間が実質的に耐用年数となりますが、固定資産税（償却資産）では、あくまでも法定耐用年数を用います。

※　国税では、平成20年3月31日以前契約分のファイナンスリース資産について、原則賃貸借処理として貸主が減価償却を行いますが、平成19年改正前法人税法施行令第136条の3に規定する資産については売買処理として借主が減価償却を行うことになっていました。

　それが、平成19年3月末のリース税制改正により、平成20年4月1日以後契約分のファイナンスリース資産については、全ての場合において借主が減価償却を行うこととし、法人税法施行令第48条の2第5項第5号に規定する所有権移転外リース取引に該当するか否かで償却方法が異なってきています。

　固定資産税（償却資産）においては、原則として所有者である貸主が納税義務者となるものの、リース期間終了後に所有権が貸主から借主に移転する契約である等、実質的に所有権留保付売買と同様である場合については、法第342条第3項により該当資産を貸主と借主の共有物とみなし、同法第10条の2第1項に規定する連帯納税義務の対象とすることになります。ただし、取扱通知(市)第3章第1節第1、10により実務的には借主へ課税するのが一般的です。この取り扱いについては

国税における平成19年3月末のリース税制改正後も変更はありません。

　なお、固定資産税（償却資産）において実質的に所有権留保付売買と同様となるファイナンスリースとは、実務的に、平成20年3月31日以前契約分については国税上売買処理になるもの、平成20年4月1日以後契約分については所有権移転ファイナンスリースになるものと見るのが一般的です。ただし、地方税法と法人税法・所得税法の該当規定に明確な繋がりはありませんので、課税団体が前述したような取り扱いとはならない旨判断する可能性もあります。

## （9）資本的支出の取り扱い

　国税では、平成19年3月31日以前に行った資本的支出について、その資本的支出の対象となった減価償却資産（旧減価償却資産）の取得価額に加算するとされていました（平成19年改正前法人税法施行令第55条）。

　なお、平成19年4月1日以後に行った資本的支出については、原則として、その支出された資本的支出の金額を取得価額として、その旧減価償却資産と種類、耐用年数を同じくする減価償却資産を新たに取得したものとする、という取り扱いとなりました（法人税法施行令第55条）。

　一方、固定資産税（償却資産）では、資本的支出それぞれについて、旧減価償却資産とは区分して、旧減価償却資産の法定耐用年数を使用して評価することとされています（評価基準第3章第1節13）。

※　なお、平成19年4月1日以後に行った資本的支出に係る国税の取り扱いについては、例外措置として、資本的支出を旧減価償却資産の取得価額に加算して取り扱うこと等ができる場合があります。（法人税法施行令第55条第2・4項）また、同一事業年度内に複数回資本的支出を行った場合は、その複数回の資本的支出をまとめて1つの減価償却資産を取得したものとすることができる場合があります（法人税法施行令第55条第5項）。

## (10) 信託資産の取り扱い

　　法人課税信託等以外の一般的な信託に係る減価償却資産については、国税では受益者が減価償却費等の費用計上を行いますが、固定資産税（償却資産）では、所有者課税の原則から、受託者が納税義務者となり申告します。

　　ただし、法第343条第9項に該当する場合は、受託者が納税義務者とならず、信託終了後に該当資産を譲渡される使用者が納税義務者となります。

　※　国税では、法人税法第12条第1項又は所得税法第13条第1項により、集団投資信託・退職年金等信託・特定公益信託等・法人課税信託以外の信託については、受益者が減価償却資産の費用計上を行います。しかし、信託契約において受託者に財産の譲渡をおこなった場合、民法上の所有権が受託者に移転すると解されることから、形式的とはいえ、所有権を持っている受託者が納税義務者となります。

## (11) 共有資産の取り扱い

　　国税では自己の持分について減価償却を行いますが、固定資産税（償却資産）では、各共有者が法第10条の2により連帯納税義務を負うため、単独名義の申告とは別に共有物としての申告が必要となります。

　　詳しくは、第1章第3節4「共有資産」を参照してください。

## (12) 耐用年数省令改正による耐用年数変更の取り扱い

　　耐用年数省令の別表第1等に記載された法定耐用年数が改正された場合、国税では、改正時の附則において適用時期が定められています。例えば令和5年4月末に改正があった場合には、改正後耐用年数の適用について、法人では令和5年4月以降に開始する事業年度から、個人ではその翌年分からとなっています。

　　一方、固定資産税（償却資産）では、その年度の賦課期日現在で施行されている耐用年数省令別表第1等の内容が、一般的に適用すべき耐用年数となります。よって、国税における改正後耐用年数の適用始期と、固定資

産税（償却資産）における適用始期が異なってくる場合があります。

---

＜例：２月末決算の法人＞

　令和５年４月末に耐用年数の改正があった場合

ア　法人税の税務会計上では令和５年３月１日〜令和６年２月末日の事業年度では適用せず、令和６年３月１日〜令和７年２月末日の事業年度から適用となります。

イ　固定資産税（償却資産）では令和６年度の申告から改正耐用年数を適用することになります。

　また、国税では、一般的に月単位の償却計算を行いますが、固定資産税（償却資産）では、１月１日の賦課期日現在での評価額を算出するということから、償却計算が実質年単位となります（前年中取得資産のみ半年償却）。

　なお、前年前取得資産における固定資産税（償却資産）の評価は、前年度評価額に、耐用年数に応じた減価残存率を乗じて算出します。よって、前年中に耐用年数省令の改正があった場合は、改正前耐用年数を使用して算出してきた前年度評価額に、改正後耐用年数に応じた減価残存率を乗じて、現年度評価額を算出します。

＜例：３月末決算の法人＞

　令和３年３月に取得した資産について、令和５年中の経理処理・評価計算の状態を見た場合

ア　国税では１月１日〜３月31日は令和５年４月末改正前耐用年数を、４月１日〜12月31日は改正後耐用年数を適用して減価償却を行います。

イ　固定資産税（償却資産）では令和５年度評価額に改正後耐用年数に応じた減価残存率を乗じて令和６年度評価額を算出することになります。

---

# 第6節　評価額の算出

　固定資産税（償却資産）の評価については、法第388条第1項により総務大臣が告示する評価基準において、固定資産税の評価の基準並びに評価の実施の方法及び手続きについて定めています。また、法第403条の規定により、市町村長が固定資産税における固定資産の評価及び価格決定を行う場合は、評価基準によらなければならないとされています。

　償却資産の評価については、評価基準第3章に規定があり、これに従って償却資産の価格を算定することになります。

　この価格とは、適正な時価のことをいいます（法第341条第5号）。適正な時価は、正常な取引条件のもとで成立する取引価格であり、この「適正な時価」を求めるには、法人税法等に定められた取得価額を基礎として、耐用年数及び取得後の経過年数に応ずる減価を考慮して評価し、それをもってその償却資産の価格とします。

　そして、固定資産税（償却資産）の課税標準を、償却資産の価格を基礎にして算出し、さらに課税標準から税額を算出することになります。

　ここでは、評価額の算出にあたってその要素となる取得価額・取得年月・耐用年数（通称「評価の3要素」といいます。）の定義と、それらを使用した評価計算の方法について説明します。

## 1　評価の3要素

### （1）取得価額
#### ①　基本的な概念
　　　償却資産の取得価額とは、評価基準第3章第1節5（取得価額）において、「償却資産を取得するためにその取得時において通常支出すべき金額」と規定されており、原則として、取得に要した費用（据付費等の

付帯費を含む。）によるとしています。ただし、具体的な算定方法については、同節6（取得価額の算定）において、評価基準第3章で特別な定めがある場合を除くほか、

ア　所得税法・法人税法及びこれに基づく命令（政令・省令など）による
　　減価償却計算の基礎となる取得価額の算定方法によって算定すること
イ　ただし、法人税法・所得税法に規定する圧縮記帳の該当分は減額し
　　ないこと

と定められていることから、圧縮記帳を適用しない国税での減価償却計算上の取得価額と、固定資産税（償却資産）の取得価額が、基本的に同一となってくるものです。

　なお、贈与など、取得に要した費用が、「償却資産を取得するためにその取得時において通常支出すべき金額」と明らかに、かつ、著しく相違すると認められる場合にあっては、当該資産の取得価額は、同節5において、「その取得時において通常支出すべき金額」によるものとしています。

② 取得価額が明らかでない償却資産の取得価額
　取得価額が明らかでない償却資産の取得価額は、評価基準第3章第1節7において、当該償却資産の再取得価額によるものとされています。この場合において、再取得価額とは、当該年度の賦課期日に一般市場において当該償却資産を新品として取得するために通常支出すべき金額（付帯費の額を含む）をいいます。

　なお、当該償却資産が承継して取得されたもので新品以外のものであるときは、当該金額から当該償却資産の取得の日までの経過年数に応じ、当該償却資産の耐用年数に応ずる減価を行います。ここでの「耐用年数に応ずる減価」とは、評価基準別表第15の「耐用年数に応ずる減価率表」に記載された減価率を用いることになり、国税の減価率を用いるのではないことになります。

　再取得価額が明らかでないときは、「資産再評価の基準の特例に関す

る省令(大蔵省令)」第2条又は第3条の規定の例によって推定して求めた当該償却資産の取得の時期における正常な価額を取得価額とします。

③　物価の変動に伴う取得価額の補正

　　評価基準の規定では、取得時期と評価年度の1月1日時点で物価が著しく変わってしまった場合、総務大臣が定める補正率により取得価額を補正する、とされています。しかし、近年については、太平洋戦争直後のような大幅な物価変動がないことから、補正が行われた例はありません。

④　改良費（資本的支出）の取得価額

　　改良費（資本的支出）については、使用可能期間を延長させる部分に対応する金額か、その支出を行った時における当該資産の価額を増加させる部分に対応する金額のどちらか（両方に該当する場合は、いずれか金額の多い方）が、取得価額となります。

⑤　取得価額の判断に係る事項

　　固定資産税（償却資産）の取得価額は、前述①で説明したように、基本的には国税における減価償却の基礎となる取得価額を指します。以下の事項は、国税の規定によるものですが、比較的該当例の多い事項ですので、ここで説明します。

ア　消費税の取り扱い

　　取得価額における消費税の取り扱いについては、法人税法に係る個別取扱通達である「消費税法等の施行に伴う法人税の取り扱いについて」において定められており、個々の資産ごとではなく固定資産全体の処理方針として、税抜経理方式と税込経理方式のいずれかを採用することとなっています。税抜経理方式であれば消費税分を含まない額、税込経理方式であれば消費税分を含む額が取得価額となります。

同一の資産に係る少額資産の判定においても、採用経理方式が税抜か税込かにより異なってきます。

---

＜例＞

　税抜価格 195,000 円・税込価格 210,600 円の資産を取得した場合、税抜経理方式であれば法人税法施行令第 133 条の 2 等による 3 年一括償却資産としての処理が可能ですが、税込経理方式の場合は取得価額が 20 万円以上となることから、3 年一括償却資産としての処理はできません。

　なお、税抜経理方式を採用している場合でも、控除対象外消費税額等について、資産の取得価額に算入している場合は、固定資産税(償却資産)においても、控除対象外消費税額等を含んだ額が取得価額となります(資産の取得価額に算入せず、一括損金算入又は 5 年以上での償却により処理する場合は、固定資産税(償却資産)においても取得価額には含めません。)。

---

イ　合併又は分割等により受け入れた資産の取得価額

　合併又は分割等により受け入れた資産の取得価額については、その合併又は分割等が、非適格又は適格のどちらであるかによって異なります。

　一般的な合併等（非適格合併等）であれば、取得価額は、法人税法施行令第 54 条第 1 項第 6 号により、合併等時点の時価及び事業の用に供するための費用（設置費等）の合計となります。取り扱いとしては、一般に中古資産の取得と同様となります。

　適格合併等（適格合併・適格分割・適格現物出資・適格事後設立）の場合は、法人税法施行令第 54 条第 1 項第 5 号により、被合併法人等が当該資産の減価償却計算の基礎としていた取得価額に、事業供用費用を加えた額が、そのまま合併法人等における取得価額となります。結果として、受入価額とは異なる場合があります。

　　ウ　資産の評価換えに係る取り扱い

　　　　会社更生法や民事再生法等により、資産の評価換えを行ってその帳
　　　簿価額等を減額した場合でも、減価償却計算の基礎となる取得価額を
　　　減額する旨の規定が法人税法等にないことから、固定資産税（償却資
　　　産）においても取得価額は減額されません。


（2）　取得年月

　　償却資産の取得年月とは、原則として資産の所有権を取得し、かつ、そ
　の資産が事業の用に供することができる状況におかれた時点の年月をいい
　ます。これは、固定資産税（償却資産）については、「事業の用に供する
　ことができる」ことが課税対象となる要件の一つとなっているからです。
　取得年月については、評価基準では特段触れられていませんが、固定資産
　税（償却資産）における課税対象要件及び所有者課税の原則から、このよ
　うに定義づけるのが適当と考えられます。

　　したがって、資産の所有権を取得した日が必ずしも償却資産の取得時期
　であるとは限らず、この2要件を充足した時期の年月が取得年月となりま
　す。例えば、その使用に際して監督官庁の許認可が必要な資産について、
　所有権を獲得した後に使用許可（仮認可を含む。）が下りた場合は、所有
　権を獲得した時期ではなく、使用許可が下りた時期の年月が、取得年月と
　なります。

　　原則的には、国税における減価償却の始期と同じですが、以下の資産に
　ついては、次のような取り扱いとなります。


①　賃貸用の資産

　　　通常は、その資産が本来用途用法にしたがって現実の使用が開始され
　　たときが減価償却の始期となりますが、賃貸用の資産の場合には、いつ
　　でも賃借人に引き渡されるよう整備が完了し、顧客を待っている状態に
　　なれば事業の用に供することができるようになったものといえます。

　例えば、新築貸家住宅について工事を完成し、入居広告も出しました
が、入居者が現実に１人も決まっていない場合や、その一部にしか入居
者が決まらず大部分が空家である場合であっても、その建物の門塀、舗
装部分や受変電設備等については、事業の用に供することができるもの
として、固定資産税（償却資産）の課税客体となります。

② 適格合併等により取得された資産
　通常の合併又は分割等であれば、合併等契約における合併等期日が所
有権の取得時期となることから、該当資産がその時点で事業の用に供せ
る状態であれば、その期日の年月が取得年月となります。
　ただし、適格合併等において合併等期日を取得時期とした場合、取得
価額は一般的に被合併等法人のものをそのまま使うことから、取得年月
が新しくなることにより、結果として同一資産に係る評価額が前年度よ
り高くなってしまう場合がほとんどとなります。
　よって、資産の適正な評価という観点から、適格合併等により取得し
た資産の取得年月は、取得価額と同様に、当該資産における被合併等法
人の取得年月を使用することが、実務的に適当と考えられます。

（3）耐用年数
　固定資産税（償却資産）の耐用年数は、原則として、評価基準第３章第
１節８により、耐用年数省令別表第１、第２及び第５から第６までに掲げ
る法定耐用年数を用います。
　耐用年数省令の別表は、内容が改正されることがあり、直近では平成
20年４月末に、別表２の機械装置に関する耐用年数等について、大幅な
改正が行われました。固定資産税（償却資産）では、賦課期日現在の耐用
年数省令別表第１などにある耐用年数を用います。

<例>
　平成18年3月にクリーニング設備を取得した場合、平成19年度及び20年度の評価計算では耐用年数を7年としますが、平成21年度の評価計算では、平成20年度評価額に、耐用年数13年に応ずる減価残存率を乗じた額を平成21年度評価額とします。

なお、以下の場合については、このような取り扱いとなります。

① 　耐用年数の短縮

　　法人税では、減価償却資産の実際の耐用年数が法定耐用年数に比べて著しく短いことが明らかになった場合には、法人税法施行令第57条第1項又は所得税法施行令第130条第1項により納税地の所轄国税局長の承認を受けることによって、その未経過使用可能期間を法定耐用年数と見なすことができます。

　　このような資産については、固定資産税（償却資産）でも、評価基準第3章第1節三ただし書きにより、国税局長が承認した短縮耐用年数を適用します。実際の申告にあたっては、一般的に、耐用年数の短縮の承認申請書の写しを課税団体へ提出することになります。

　　固定資産税（償却資産）の評価計算においては、国税局長が承認した以後の年度について、短縮耐用年数を適用します。例として、令和3年3月の取得資産について令和5年8月に短縮耐用年数の承認があった場合、令和4年度及び令和5年度の評価計算は短縮前の耐用年数で行われますが、令和6年度の評価額は、令和5年度評価額に、短縮耐用年数に応じた減価残存率を乗じて算出します。

② 　中古資産の耐用年数

　　法定耐用年数の全部又は一部を経過した償却資産、つまり中古資産を取得した場合は、法定耐用年数を用いるか、評価基準第3章第1節三た

だし書きにより、耐用年数省令第3条第1項に基づき取得後の使用可能期間、いわゆる中古耐用年数を見積って耐用年数とすることができます。耐用年数省令第3条第1項では、中古耐用年数の見積りについて、使用可能期間年数を見積もる見積法と、経過年数と法定耐用年数を使って計算する簡便法の2つの方法を定めています。

③　合併等により受け入れた資産の耐用年数

　通常の合併等により受け入れた資産については、中古資産の耐用年数と同様に、法定耐用年数を用いるか、評価基準第3章第1節三ただし書きにより、耐用年数省令第3条第1項に基づき中古耐用年数を見積って耐用年数とすることができます。

　ただし、適格合併等により受け入れた資産については、上述のもの以外に、耐用年数省令第3条第2項により、被合併等法人が使用していた中古耐用年数を適用することもできます。よって、法定耐用年数・被合併法人等が適用していた中古耐用年数・適格合併等時点の中古耐用年数の3つのどれかを選択することになります。

④　リース資産の耐用年数

　評価基準では、リース資産の耐用年数について、別個の規定を設けていないため、リース資産についても、原則として法定耐用年数を適用します。耐用年数の短縮や中古耐用年数についても、適用することができます。

## 2　評価額の算出方法

評価額の算出にあたっては、評価基準第3章第1節一〜四により計算します。
　具体的には、以下のように算出します。端数処理については特段の規定はありませんが、一般的にはその年度ごとの評価計算の最後に小数点以下を切

り捨てます。

※　昭和25年12月31日以前の取得資産を新たに評価することになった場合は、その取得価額に「物価の変動に応ずる補正倍数表」（評価基準別表第16）に記載された倍率を乗じたうえで評価計算を行います。

## （1）前年中に取得された償却資産の評価額

算　式

$$評価額＝取得価額－取得価額×\frac{耐用年数に応ずる減価率}{2}$$

＊　「耐用年数に応ずる減価率」は、評価基準別表第15によるもので、法定耐用年数に応じた旧定率法による償却率(耐用年数省令別表第7)と同様です。

［評価実務上の計算方法］

算　式

評価額＝取得価額 －（取得価額×耐用年数に応ずる減価率／2）
　　　＝取得価額×（1－耐用年数に応ずる減価率／2）
　　　＝取得価額× 半年分の減価残存率

◇具体例　取得価額　　　　　　　　20,000,000 円
　　　　　耐用年数　　　　　　　　10 年
　　　　　耐用年数に応ずる減価率　0.206
　　　　　取得時期　　　　　　　　5 月

　　　　　評価額＝ 20,000,000 円×（1－0.206 ／2）
　　　　　　　　＝ 20,000,000 円× 0.897
　　　　　　　　＝ 17,940,000 （円）

（２）前年前に取得された償却資産の評価額

　算　式
　評価額＝前年度の評価額−（前年度の評価額 × 耐用年数に応ずる減価率）


　［評価実務上の計算方法］
　算　式
　評価額＝前年度の評価額 −（前年度の評価額 × 耐用年数に応ずる減価率）
　　　　　＝前年度の評価額×（１−耐用年数に応ずる減価率）
　　　　　＝前年度の評価額×１年分の減価残存率

$$評価額＝ 17,940,000 \text{円} \times （1 - 0.206)$$
$$= 17,940,000 \text{円} \times 0.794$$
$$= 14,244,360 （\text{円})$$

（３）前年前に取得された償却資産で新たに課税されるものの評価額
　　　（１）（２）に準じて計算します。


　算　式
　評価額＝取得価額 × （ 1 − $\dfrac{耐用年数に応ずる減価率}{2}$ )
　　　　　× （ 1 − 耐用年数に応ずる減価率)$^{n-1}$
　　n：その償却資産を取得した年から当該年度までの経過年数

　［評価実務上の計算方法］
　評価額＝取得価額 × 半年分の減価残存率 × （１年分の減価残存率)$^{n-1}$
　　n：その償却資産を取得した年から当該年度までの経過年数

## 3　評価額の最低限度

　固定資産税（償却資産）における評価額が、計算の結果として取得価額の5％を下回った場合は、取得価額の5％が評価額となります。端数処理については特段の規定はありませんが、一般的には小数点以下を切り捨てます。

## 4　特殊な評価

### （1）増加償却

　法人税法施行令第60条又は所得税法施行令第133条により増加償却を行っている資産については、減価率に増加償却割合を乗じて評価計算を行います。これは、増加償却が、平均的な使用時間を超えて操業している等の理由で認められているものであり、通常よりも著しく減価していると考えられるからです。

　前年中取得資産の増加償却期間は、固定資産税（償却資産）において半年償却計算を行うことから、国税において7ヶ月以上増加償却を行っていたとしても、最長6ヶ月となり、増加償却割合が高い期間から組み入れていくことになります。例えば、国税での増加償却割合が5ヶ月間20％及び3ヶ月間15％であった場合は、固定資産税（償却資産）では5ヶ月間20％及び1ヶ月間15％となります。

　増加償却資産の評価額は、具体的には以下の式を用いて算出します。

| 取得時期 | 増加償却割合の種類 | 減価残存率の算式 | 備考 |
|---|---|---|---|
| 前年中 | 1種類 | $1 - \{ r / 2 + r / 12 ( n^1 \times a^1 ) \}$ | $n^1 \leq 6$ とする。 |
| | 2種類 | $1 - \{ r / 2 + r / 12 ( n^1 \times a^1 + n^2 \times a^2 ) \}$ | $n^1 + n^2 \leq 6$ とする。 |
| 前年前 | 1種類 | $1 - \{ r + r / 12 ( n^1 \times a^1 ) \}$ | |
| | 2種類 | $1 - \{ r + r / 12 ( n^1 \times a^1 + n^2 \times a^2 ) \}$ | |

注）　r …償却資産の法定耐用年数に応ずる減価率

　　　n …増加償却の適用を受けた期間の月数

　　　　　１月未満の端数がある場合には、14日以下は切り捨て、15日以上は１
　　　　月とします。

　　　a …nに対応する増加償却割合

　　　なお、増加償却割合が３種類以上の場合は、その分だけn × aを増やします。

## （2）陳腐化資産の一時償却

　　旧法人税法施行令第60条の２又は旧所得税法施行令第133条の２により
陳腐化資産の一時償却を行っている資産については、陳腐化分による償却
額を差し引いて評価計算を行います。これは、陳腐化資産の一時償却が、
技術の進歩等による陳腐化を理由として認められている物であり、それに
よって物そのものの価値が落ちていることによるものです。

　　陳腐化資産の評価額は、具体的には以下の式を用いて算出します。

$$P \times (1 - r' / 2) \times (1 - r')^{n-2} (1 - r)$$

　　（注）　P …取得価額

　　　　　　r …償却資産の法定耐用年数に応ずる減価率

　　　　　　n …償却資産を取得した年から前年までの経過年数

　　　　　　r' …承認に係る使用可能期間（耐用年数）に応ずる減価率

　　なお、算式の最後の式における（1 - r）については、耐用年数の短
縮の承認を受けている場合（1 - r'）となります。

## （3）評価額の補正

　　償却資産が、災害や事故による損傷等でその価額が著しく低下した場合
は、その価額の低下に応じて評価額を減額します。

## 5　特例的な評価方法

　特例的な評価方法としては以下のようなものがあります。

### （1）取替資産の評価の特例

　法人税法施行令第49条第1項又は所得税法施行令第121条第1項の規定により税務署長の承認を受けた取替資産については、評価額の最低限度を取得価額の50％とする代わりに、使用できなくなった資産を同一品種の物に取り替えた場合は、取替による資産の減少も増加もなかったことにする、というような方法で評価額を算出します。

　取替資産とは、鉄道の枕木や配電線等、多量に同一の目的のために使用される償却資産で、毎事業年度使用に耐えられなくなった資産の一部がほぼ同数量ずつ取替えられるものをいいます。

### （2）鉱業用坑道の評価の特例

　鉱業用坑道については、国税における生産高比例法と類似した方法により評価額を求めます。

## 6　税額の計算方法

　　算　式
　　年税額＝課税標準額×税率（1.4％）

　評価額を合計したものが、課税標準額になります。
　課税標準の特例が適用される資産は、該当資産の評価額に特例率を乗じた額を合計します。
　合計した課税標準額は、1,000円未満は切り捨てです。

年税額は100円未満切り捨てです。

　一般方式で初めて申告をする株式会社ＡＡ（49ページ参照）の令和6年
度の年税額を算出します。

| 　資　産 | 取得価額 | 耐用年数 | 取得年月 |
|---|---|---|---|
| 1　店舗内装工事 | 3,150,000円 | 15年 | 令和5年4月 |
| 2　厨房設備工事 | 1,050,000円 | 18年 | 令和5年4月 |
| 3　厨房用品 | 735,000円 | 5年 | 令和5年4月 |
| 4　冷蔵庫 | 252,000円 | 6年 | 令和5年6月 |
| 5　レジスター | 525,000円 | 8年 | 令和5年8月 |

評価額

| 店舗内装工事 | 3,150,000円 | × | $(1-0.142／2)$ | = | 2,926,350円 |
|---|---|---|---|---|---|
| 厨房設備工事 | 1,050,000円 | × | $(1-0.120／2)$ | = | 987,000円 |
| 厨房用品 | 735,000円 | × | $(1-0.369／2)$ | = | 599,392円 |
| 冷蔵庫 | 252,000円 | × | $(1-0.319／2)$ | = | 211,806円 |
| レジスター | 525,000円 | × | $(1-0.369／2)$ | = | 428,137円 |

課税標準額

　2,926,350円＋987,000円＋599,392円＋211,806円＋428,137円
＝5,152,685円

　　課税標準額　5,152,000円

年税額

　5,152,000円×1.4/100＝72,128円

　　年税額　72,100円

# 第4章
## 固定資産税における特別措置

# 第1節　非課税

## 1　非課税の意義

　非課税とは、法律により具体的に範囲を定め、全国画一的に地方団体が課税することを禁止している特別措置です。

　したがって、地方税法で非課税として規定しているものについては、地方団体の意思の如何にかかわらず、納税義務を負わせることができません。

　地方税法では、この他に課税を免除する措置として、地方団体が公益その他の事由により課税することが不適当と認める場合に条例を定め、課税することを免除する「課税免除」（法第6条第1項）や一旦課税権を行使したものについて、税額の一部又は全部を免除する「減免」（法第367条）の規定が設けられていますが、これらは本来課税することを原則としているので、非課税とは性格が異なるものです。

## 2　非課税の範囲

　非課税となる資産は、その根拠を所有者の性格に求めるものと資産自体の性格、用途に求めるものに区別され、前者を「人的非課税」、後者を「用途非課税」（又は「物的非課税」）と称しています。

## 3　人的非課税（法第348条第1項）

　人的非課税は、国並びに都道府県及び市町村等が所有している固定資産に対して適用するものです。

　これは、国並びに都道府県及び市町村等の公的な性格に鑑み、かつ、国・地方公共団体相互非課税の観念に基づいた措置であり、当該団体の所有する

固定資産については、その利用状況の如何にかかわらず固定資産税を課税することはできません。この非課税が適用される団体としては、国並びに都道府県、市町村、特別区のほか、以下の団体があります。

① 一部事務組合、広域連合（地方自治法第284条第1項）
② 財産区（地方自治法第294条第1項）
③ 合併特例区（市町村の合併の特例に関する法律第5条の8）

## 4　用途非課税（法第348条第2項等、法附則第14条等）

　固定資産の性格や具体的用途の性質に鑑みて非課税としているものです。
　原則的に、その所有者が誰であろうと非課税とされますが、例外として、所有者及び用途の両方が特定されている場合、又は所有者について特定されている場合があります。
　また、固定資産の用途が法第348条第2項各号の規定に該当するものであっても、その固定資産を有料で借り受けた者が使用している場合は、所有者に固定資産税を課税することができることとされています（法第348条第2項ただし書き）。
　「課税することができる」とは、課税するかしないかは各市町村の任意であることを意味しています。したがって、課税する場合には、市町村が条例を定めてその旨を意思表示することを原則としています。例えば、官公庁が使用しているものであっても、賃借料を支払って借り受けている場合には、その資産を貸し付けている私人に対して課税することができます。
　ただし、この規定にも例外はあり、旅客会社等が独立行政法人鉄道建設・運輸施設整備支援機構から有料で借り受け、直接鉄道事業等の用に供しているトンネルについては、有料であっても非課税となります（法第348条第5項）。
　また、協同組合等が所有し、かつ、使用する事務所及び倉庫についての非課税規定（法第348条第4項）は、家屋を対象としているもので償却資産は原則として含めないこととされていますが、事務所及び倉庫に通常設置さ

れる比較的軽易な器具・備品については、事務所及び倉庫と一体をなすものとして非課税として取り扱うこととされています（昭和27年8月29日自丙税発第7号自治庁税務部長通達）。

　非課税として取り扱う比較的軽易な器具・備品としては、これまでに机、椅子、ロッカー（スチール製ロッカー書庫）、衝立、会議室のテーブル及び椅子が例示されています。

　法第348条第2項各号に列挙する固定資産が非課税となるのは、それぞれ定められた用途に使用されている場合のみであって、同様の資産であっても定められた用途以外の用途に使用されていれば、当然のことながら課税されます（法第348条第3項）。この規定は、第4項の規定にも準用されます。

　用途別非課税には、上記のほか非課税独立行政法人、国立大学法人等、日本年金機構、福島国際研究教育機構が所有する固定資産（以上、法第348条第6項）、地方独立法人、公立大学法人が所有する固定資産（以上、法第348条第8項）、外国の政府が所有する大使館、公使館、領事館や、専らその長又は職員の居住の用に供する固定資産（法第348条第9項）があります。

　第6項と第8項に規定する法人が所有する固定資産をその法人以外の者が使用している場合には、非課税が適用されません（法第348条第6項及び第8項括弧書き）。

＜参考1＞固定資産税（償却資産）の主な非課税措置
法第348条

| 適用条項 | 非課税の内容 |
|---|---|
| 第1項 | 国・都道府県・市町村等が所有する固定資産（人的非課税） |
| 第2項第1号 | 国・都道府県・市町村等が公用又は公共の用に供する固定資産 |
| 第2項第2号 | 独立行政法人水資源機構、土地改良区、土地改良区連合及び土地開発公社が直接その本来の事業の用に供する固定資産で政令で定めるもの（ダムの用に供する固定資産、堰、湖沼水位調節施設、水路施設等） |

| 第2項第2号の5 | 鉄道事業者等が政令で定める市街地の区域又は政令で定める公共の用に供する飛行場の区域及びその周辺の区域において直接鉄道事業又は軌道経営の用に供するトンネル |
|---|---|
| 第2項第2号の6 | 公共の危害防止のために設置された鉄道事業又は軌道経営の用に供する踏切道及び踏切保安装置 |
| 第2項第2号の7 | 既設の鉄道、軌道と道路とを立体交差させるために新たに建設された立体交差化施設、公共の用に供する飛行場の滑走路の延長に伴い新たに建設された立体交差化施設又は道路の改築に伴い改良された既設の立体交差化施設で、線路設備、電路設備その他の構築物 |
| 第2項第2号の8 | 鉄道事業者等が都市計画法第7条第1項の規定により定められた市街化区域内において鉄道事業又は軌道経営の用に供する地下道又は跨線道路橋 |
| 第2項第9号 | 学校法人等が設置する学校において直接保育又は教育の用に供する固定資産並びに寄宿舎、公益社団法人等が設置する幼稚園、図書館、博物館において直接その用に供する固定資産 |
| 第2項第9号の2 | 公的医療機関等が設置する看護師等の養成所において直接教育の用に供する固定資産 |
| 第2項第10号 | 社会福祉法人等が保護施設の用に供する固定資産 |
| 第2項第10号の2 | 社会福祉法人等が小規模保育事業の用に供する固定資産 |
| 第2項第10号の3 | 社会福祉法人等が児童福祉施設の用に供する固定資産 |
| 第2項第10号の4 | 学校法人等が認定こども園の用に供する固定資産 |
| 第2項第10号の5 | 社会福祉法人等が老人福祉施設の用に供する固定資産 |
| 第2項第10号の6 | 社会福祉法人が障害者支援施設の用に供する固定資産 |
| 第2項第10号の7 | 社会福祉法人等が第10号から第10号の6までに規定する固定資産以外で社会福祉事業の用に供する固定資産 |
| 第2項第10号の8 | 更生保護法人が更生保護事業の用に供する固定資産 |
| 第2項第10号の9 | 介護保険法の規定により市町村から包括的支援事業の委託を受けた者が当該事業の用に供する固定資産 |
| 第2項第10号の10 | 児童福祉法の規定により事業所内保育事業の認可を得た者が当該事業の用に供する固定資産 |
| 第2項第11号の4 | 健康保険組合等が所有し、かつ、経営する病院、診療所及び保健施設において直接その用に供する固定資産 |

| 第2項第12号 | 公益社団法人又は公益財団法人で学術の研究を目的とするものがその目的のため直接その研究の用に供する固定資産 |
|---|---|
| 第6項 | 非課税独立行政法人・国立大学法人等・日本年金機構・福島国際研究教育機構が所有する固定資産 |
| 第8項 | 地方独立行政法人・公立大学法人が所有する固定資産 |
| 第9項 | 外国の政府が所有する大使館等の用に供する固定資産 |

## 法附則第14条の2

| 適用条項 | 非課税の内容 |
|---|---|
| 第1項 | 公益社団法人2025年日本国際博覧会協会が国際博覧会に関する条約の適用を受けて令和7年に開催される国際博覧会の会場内において博覧会の用に供する家屋及び償却資産若しくは埋立地等又は博覧会の会場の周辺における交通を確保するために設置する家屋及び償却資産<br>※　令和5年度から令和8年度までの分に限る。 |
| 第2項 | 博覧会協会との間に博覧会への出展参加契約を締結した者が、博覧会の会場内において博覧会の用に供する家屋及び償却資産<br>※　令和6年度から令和8年度までの分に限る。 |
| 第3項 | 博覧会協会との間に固定資産を博覧会協会に無償で貸し付けることを内容とする契約を締結した者が、博覧会協会に無償で貸し付ける固定資産<br>※　令和6年度から令和8年度までの分までに限る。 |

# 第2節　課税標準の特例

## 1　課税標準の特例の意義

　課税標準の特例とは、公共料金の抑制、企業体質の改善、公害対策の充実等の観点から、固定資産税の負担が大きな障害とならないように、電力、鉄軌道、船舶等の重要基礎産業や各種公害防止施設等について適用されるもので、課税標準となる価格の一部を軽減する措置です。

　地方税法では、上記の外にも経済政策的又は社会政策的要請に基づき、課税標準の特例の規定が設けられています（法第349条の3、法附則第15条、第15条の2、第15条の3）。

## 2　課税標準の特例の範囲

　昭和29年の税制改正により、鉄軌道施設、重要物製造用機械設備、船舶、航空機等重要基礎産業に対して導入されたものですが、その後の税制改正により対象となる資産の範囲が拡大しました。

　これらの措置は、特定の政策目的実現のために講じられていますが、その反面、課税の公平性・中立性が犠牲になっていることも事実であり、既得権化や慢性化を排除するため、特例措置全般について、社会経済情勢の推移を見極めつつ、廃止、特例率の見直し、適用期限の延長等の整理合理化が行われています。

　また、政策の普及促進のために新設も頻繁に行われています。

　所有する資産が課税標準の特例に該当するかどうかは、最新の地方税法で確認するか、各市町村に確認してください。

## 3　わがまち特例（地域決定型地方税制特例措置）

　平成24年度税制改正により、それまで国が一律に定めていた課税標準の特例措置における特例割合を、地域の実情に合わせて市町村が判断し、法の定める一定の範囲内で特例割合を条例で決定できる仕組みが導入されました。

　この特例措置は、通称「わがまち特例」と呼ばれ、平成25年度課税分から適用されています。

　対象となる償却資産は徐々に増えており、令和5年度時点で償却資産に適用される特例措置は下表のとおりです。

| 項目 | | 特例割合 | | | 根拠条文 |
|---|---|---|---|---|---|
| | | 参酌基準 | 下限 | 上限 | |
| 家庭的保育事業用資産 | | 1/2 | 1/3 | 2/3 | 法349条の3第27項 |
| 居宅訪問型保育事業用資産 | | 1/2 | 1/3 | 2/3 | 法349条の3第28項 |
| 事業所内保育事業用資産 | | 1/2 | 1/3 | 2/3 | 法349条の3第29項 |
| 汚水又は廃液処理施設 | | 1/2 | 1/3 | 2/3 | 法附則15条2項1号 |
| 下水道除害施設 | | 4/5 | 7/10 | 9/10 | 法附則15条2項5号 |
| 都市再生特別措置法に規定する認定事業により新たに取得した公共施設等 | 都市再生緊急整備区域 | 3/5 | 1/2 | 7/10 | 法附則15条14項本文 |
| | 特定都市再生緊急整備区域 | 1/2 | 2/5 | 3/5 | 法附則15条14項ただし書き |
| 津波防災地域づくり推進計画に基づき新たに取得又は改良された津波対策用資産 | | 1/2 | 1/3 | 2/3 | 法附則15条21項 |
| 津波避難施設 | 指定避難施設 | 2/3 | 1/2 | 5/6 | 法附則15条23項1号 |
| | 協定避難施設 | 1/2 | 1/3 | 2/3 | 法附則15条23項2号 |
| 特定再生可能エネルギー発電設備 | 太陽光、風力、地熱、バイオマス | 2/3 | 1/2 | 5/6 | 法附則15条25項1号 |
| | 太陽光、風力、水力 | 3/4 | 7/12 | 11/12 | 法附則15条25項2号 |
| | 水力、地熱、バイオマス | 1/2 | 1/3 | 2/3 | 法附則15条25項3号 |
| 浸水防止用設備 | | 2/3 | 1/2 | 5/6 | 法附則15条28項 |
| 雨水貯留浸透施設 | | 1/3 | 1/6 | 1/2 | 法附則15条42項 |

　ただし、同様の資産であっても大臣及び知事の配分資産については、今までどおりの特例割合によって軽減されます。

　「わがまち特例」の対象資産については、条例により各市町村が法に規定された範囲内で特例割合を定めています。

　したがって、市町村によって特例割合が異なっていますので、特例対象資産を申告する際に各市町村に確認してください。

## ４　中小事業者等の生産性向上や賃上げの促進に資する機械・装置等の償却資産の導入に係る特例

　エネルギー等を中心としたコスト上昇による物価上昇等の現下の経済情勢を踏まえ、中小事業者等の生産性向上や賃上げの促進を図ることは重要課題であることから、令和５年度以降を対象に、中小事業者等の償却資産の導入に係る新たな特例措置が設けられました（法附則第 15 条第 45 項）。

　具体的には、中小企業等経営強化法に規定する市町村策定の導入促進基本計画に適合し、かつ、労働生産性を向上させるものとして認定を受けた、中小事業者等の先端設備等導入計画に基づき取得した機械・装置等で、生産・販売等の用に直接供するものの固定資産税の課税標準について、新たに課税されることとなった年度から３年度分を価格の 1/2 とする特例を令和７年３月 31 日まで講じることとしました。

　特に、賃上げ目標を盛り込んだ先端設備等導入計画に従って取得した場合には、５年度分（令和６年４月１日から令和７年３月 31 日までの間に取得されるものは最初の４年度分）を価格の 1/3 にするとしています（令附則第 11 条第 47 項）。

　詳細については、各市町村や中小企業庁のホームページ等も参考にしてください。

○　中小企業庁　経営サポート「先端設備等導入制度による支援」
　https://www.chusho.meti.go.jp/keiei/seisansei/index.html

【対象資産】

|  | 取得価額 |
|---|---|
| 機械及び装置 | 160万円以上 |
| 工具 | 30万円以上 |
| 器具及び備品 | 30万円以上 |
| 建物附属設備 ※ | 30万円以上 |

※家屋と一体で課税されるものは対象外

令和5年4月1日から令和7年3月31日までに取得したもの（2年間）


## 5　バス事業者が路線の維持に取り組みつつＥＶバスを導入する場合における変電・充電設備等に係る特例

　地域の公共交通はこれまでも厳しい経営環境でしたが、コロナ禍で輸送量の減少などもあり、鉄道の維持が困難な地域ではバス事業の重要性が更に高まりました。

　こうしたことから、地域公共交通の確保に取組む一般乗合旅客自動車運送事業者が、カーボンニュートラル等への対応として、EVバスを導入するために充電設備等の償却資産を取得した場合、当該充電設備等及びその用に供する土地（当該充電設備等による充電に要する土地を含む。）に係る新たな特例措置が創設されました（法附則第15条第46項）。

　具体的には、路線定期運行を行う一般乗合旅客自動車運送事業者が、道路運送高度化実施計画に基づき実施する道路運送高度化事業の用に供する電気自動車の充電の用に供する土地と償却資産に対する固定資産税又は都市計画税の課税標準を、最初の5年度分に限り価格の1/3とする特例を令和10年3月31日まで講じることとしました（令附則第11条第51項、則附則第6条第88項・第91項）。

【対象資産】

| 償却資産 | 電気自動車の充電のための充電設備及び変電設備 |
|---|---|
| 土地 | 上記設備の用に供する土地 |

令和5年4月1日から令和10年3月31日までに取得したもの（5年間）

# 6　災害に対する特例

　平成28年4月の熊本地震をはじめ、災害が頻発していることを踏まえ、復旧や復興の動きに遅れることなく税制上の対応を手当てする観点から、平成29年度税制改正において被災代替償却資産に対する特例措置が創設されました（法第349条の3の4）。

　この措置は、震災等により滅失又は損壊した償却資産に代わるものとして市町村長が認める償却資産（被災代替償却資産）について、当該震災等に際し被災者生活再建支援法が適用された市町村の区域内において取得又は改良をした場合には、当該被災代替償却資産に係る固定資産税の価格を最初の4年間、2分の1とするものです。

　なお、この措置は、平成28年4月1日以後に発生した震災等の事由による被災代替償却資産に適用されます。

<参考1>固定資産税（償却資産）の主な課税標準の特例

法第349条の3

| 適用条項 | 固定資産の種類 | | 特例の内容 |
|---|---|---|---|
| 第4項 | 外航船舶又は準外航船舶 | | |
| | | 外航船舶 | 価格の1/6 |
| | | 準外航船舶 | 価格の1/4 |
| 第5項 | 内航船舶（専ら遊覧の用等に供する船舶等を除く） | | 価格の1/2 |

| 第7項 | 国際航空機 | |
|---|---|---|
| | 国際路線専用機 | 価格の 1/2 |
| | 国際路線専用機に準ずるもの | 価格の 2/3 |
| | 上記以外の国際航空機 | 価格の 1/5 |
| 第8項 | 離島路線に就航する航空機（最大離陸重量 70 トン未満） | 最初の 3 年度分　価格の 1/3<br>その後 3 年度分　価格の 2/3 |
| | このうち、地域的な航空運送の用に供する小型航空機（最大離陸重量 30 トン未満） | 価格の 1/4 |
| 第26項 | 外国貿易船による物品輸送用コンテナー | 価格の 4/5 |

## 法附則第15条

| 適用条項 | 固定資産の種類 | 特例の内容 |
|---|---|---|
| 第1項<br>第2号 | 倉庫業者が新増設した流通機能高度化等に寄与する倉庫に附属する機械設備 | R4.4.1〜R6.3.31取得<br>最初の 5 年度分　価格の3/4 |
| 第5項 | 大規模地震対策特別措置法による地震対策用償却資産 | R2.4.1〜R8.3.31取得<br>最初の 3 年度分　価格の2/3 |

## 法附則第56条

| 適用条項 | 固定資産の種類 | 特例の内容 |
|---|---|---|
| 第12項 | 東日本大震災により被災し、滅失又は損壊した償却資産の代替取得資産 | H28.4.1〜R6.3.31取得<br>最初の 4 年度分　価格の1/2 |
| 第15項 | 居住困難区域に所在していた償却資産の代替取得資産 | H28.4.1〜居住困難区域を解除する旨の公示日から起算して 3 月を経過する日までに取得<br>最初の 4 年度分　価格の1/2 |

※　なお、当該条項に該当している償却資産で、法第349条の3、法附則第15条の適用を受ける償却資産については、それらの特例適用後の課税標準額の2分の1となります。

# 第3節　減免

## 1　減免の意義

　税の減免は、納税者の担税力の減少、その他納税義務者の事情に着目して、地方団体がいったん課税権を行使したものについて、その税額の全部又は一部を免除するものです。

　固定資産税は、固定資産そのものの価値に着目して課税することを原則としていますので、同一価値の固定資産について所有者によって異なる税負担を求めることは適当とは言えませんが、納税者によっては、真に担税力の薄弱な場合も考えられます。

　そのような場合には、市町村の条例の定めるところによって、固定資産税を減免することができることとしています（法第367条）。

　固定資産税の減免は、徴収猶予、納期限の延長等によって救済されないような場合の措置として設けられているもので、原則として担税力が真に薄弱な納税者に限り適用されます。

　法第367条では、「天災その他特別の事情がある場合において固定資産税の減免を必要とすると認める者、貧困に因り生活のため公私の扶助を受ける者その他特別の事情がある者に限り、当該市町村の条例の定めるところにより、固定資産税を減免することができる。」と規定しています。

## 2　減免の範囲

（1）天災その他特別の事情がある場合

　　震災、風水害、火災その他これらに類する災害によって納税者がその財産について甚大な損失を被った場合等をいいます。

**（2）貧困に因り生活のため公私の扶助を受ける者**

　「公の扶助」とは、生活保護法第11条第1項各号に掲げる生活扶助その他の扶助及びその他の法令に基づく公的扶助を含むものと解されています。

　また、「私の扶助」としては、社会事業団体、親戚、近隣等による扶助が該当すると考えられます。

**（3）その他特別の事情がある者**

　（1）（2）以外の事由で、客観的に見て担税力の薄弱な者をいいます。

　また、公益上減免する必要があると認められる者も「その他特別の事情がある者」に含まれますが、公益上減免する必要があるかどうかは各市町村において判断することになります。

## 3　減免の具体的事例

　法第367条に規定されている「その他特別の事情がある者」の範囲については、各市町村の政策等が反映され、条例化されています。

　ここでは、具体的事例として東京都特別区における償却資産の減免について見てみることにします。

　特別区では、生活保護法により生活扶助等を受けている者や、災害等により甚大な損害を受けた固定資産に対する減免はもとより、公益のために直接専用する固定資産その他広範囲に減免を行っています。

　以下に、減免を受けることができる主な償却資産を記載します。

①　公共用歩廊等：商店街に設置されたアーケード、街路灯、アーチ等

②　幼稚園：法人又は個人が所轄庁の認可を得て設置した幼稚園での保育の用に供する固定資産（非課税となるもの除く）

③　直接都が認証する保育所（認証保育所）の用に供する固定資産

④　直接地域のケア付き住まいの用に供する固定資産

　地域のケア付き住まいとは、認知症高齢者グループホーム、障害者グルー
プホーム、重度身体障害者グループホームをいいます。
⑤　災害等により滅失・損害を受けた固定資産
⑥　公衆浴場の用に供する固定資産
　　独立煙突、温水器、調整器、ろ過器、燃料運搬用荷車、テレビ等

# 関係法令

＜関係法令等 (抜粋)＞

## 1　地方税法

### (連帯納税義務)

**第十条の二**　共有物、共同使用物、共同事業、共同事業により生じた物件又は共同行為に対する地方団体の徴収金は、納税者が連帯して納付する義務を負う。

2～3　省略

### (人格のない社団等に対する本章の規定の適用)

**第十二条**　法人でない社団又は財団で代表者又は管理人の定があるもの（以下本章において「人格のない社団等」という。）は、法人とみなして、本章中法人に関する規定をこれに適用する。

### (固定資産税に関する用語の意義)

**第三百四十一条**　固定資産税について、次の各号に掲げる用語の意義は、それぞれ当該各号に定めるところによる。

　一　固定資産　土地、家屋及び償却資産を総称する。

　二　土地　田、畑、宅地、塩田、鉱泉地、池沼、山林、牧場、原野その他の土地をいう。

　三　家屋　住家、店舗、工場（発電所及び変電所を含む。）、倉庫その他の建物をいう。

　四　償却資産　土地及び家屋以外の事業の用に供することができる資産（鉱業権、漁業権、特許権その他の無形減価償却資産を除く。）でその減価償却額又は減価償却費が法人税法又は所得税法の規定による所得の計算上損金又は必要な経費に算入されるもののうちその取得価額が少額である資産その他の政令で定める資産以外のもの（これに類する資産で法人税又は所得税を課されない者が所有するものを含む。）をいう。ただし、自動車税の課税客体である自動車並びに軽自動車税の課税客体である原動機付自転車、軽自動車、小型特殊自動車及び二輪の小型自動車を除くものとする。

　五　価格　適正な時価をいう。

六〜八　省略

九　固定資産課税台帳　土地課税台帳、土地補充課税台帳、家屋課税台帳、家屋補充課税台帳及び償却資産課税台帳を総称する。

十〜十三　省略

十四　償却資産課税台帳　償却資産について第三百八十一条第五項に規定する事項を登録した帳簿をいう。

**（固定資産税の課税客体等）**

**第三百四十二条**　固定資産税は、固定資産に対し、当該固定資産所在の市町村において課する。

2　償却資産のうち船舶、車両その他これらに類する物件については、第三百八十九条第一項第一号の規定の適用がある場合を除き、その主たる定けい場又は定置場所在の市町村を前項の市町村とし、船舶についてその主たる定けい場が不明である場合においては、定けい場所在の市町村で船籍港があるものを主たる定けい場所在の市町村とみなす。

3　償却資産に係る売買があつた場合において売主が当該償却資産の所有権を留保しているときは、固定資産税の賦課徴収については、当該償却資産は、売主及び買主の共有物とみなす。

**（固定資産税の納税義務者等）**

**第三百四十三条**　固定資産税は、固定資産の所有者（質権又は百年より永い存続期間の定めのある地上権の目的である土地については、その質権者又は地上権者とする。以下固定資産税について同様とする。）に課する。

2　省略

3　第一項の所有者とは、償却資産については、償却資産課税台帳に所有者として登録されている者をいう。

4　市町村は、固定資産の所有者の所在が震災、風水害、火災その他の事由により不明である場合には、その使用者を所有者とみなして、固定資産課税台帳に登録し、その者に固定資産税を課することができる。この場合において、当該市町村は、当該登録をしようとするときは、あらかじめ、その旨を当該使用者に通知しなければならない。

5　市町村は、相当な努力が払われたと認められるものとして政令で定める方法により探索を行つてもなお固定資産の所有者の存在が不明である場合（前項に規定する場合を除く。）には、その使用者を所有者とみなして、固定資産課税台帳に登録し、その者に固定資産税を課することができる。この場合において、当該市町村は、当該登録をしようとするときは、あらかじめ、その旨を当該使用者に通知しなければならない。

6〜8　省略

9　信託会社（金融機関の信託業務の兼営等に関する法律（昭和十八年法律第四十三号）により同法第一条第一項に規定する信託業務を営む同項に規定する金融機関を含む。以下この項において同じ。）が信託の引受けをした償却資産で、その信託行為の定めるところにしたがい当該信託会社が他の者にこれを譲渡することを条件として当該他の者に賃貸しているものについては、当該償却資産が当該他の者の事業の用に供するものであるときは、当該他の者をもつて第一項の所有者とみなす。

10　家屋の附帯設備（家屋のうち附帯設備に属する部分その他総務省令で定めるものを含む。）であつて、当該家屋の所有者以外の者がその事業の用に供するため取り付けたものであり、かつ、当該家屋に付合したことにより当該家屋の所有者が所有することとなつたもの（以下この項において「特定附帯設備」という。）については、当該取り付けた者の事業の用に供することができる資産である場合に限り、当該取り付けた者をもつて第一項の所有者とみなし、当該特定附帯設備のうち家屋に属する部分は家屋以外の資産とみなして固定資産税を課することができる。

**（償却資産に対して課する固定資産税の課税標準）**
**第三百四十九条の二**　償却資産に対して課する固定資産税の課税標準は、賦課期日における当該償却資産の価格で償却資産課税台帳に登録されたものとする。

**（震災等により滅失等した償却資産に代わる償却資産等に対する固定資産税の課税標準の特例）**
**第三百四十九条の三の四**　震災等により滅失し、又は損壊した償却資産の所有者（当該償却資産が共有物である場合には、その持分を有する者を含む。）その他

の政令で定める者が、政令で定める区域内において当該震災等の発生した日から被災年の翌年の三月三十一日から起算して四年を経過する日までの間に、当該滅失し、若しくは損壊した償却資産に代わるものと市町村長（第三百八十九条の規定の適用を受ける償却資産にあつては、当該償却資産の価格等を決定する総務大臣又は道府県知事）が認める償却資産の取得（共有持分の取得を含む。以下この条において同じ。）又は当該損壊した償却資産の改良を行つた場合における当該取得又は改良が行われた償却資産（改良が行われた償却資産にあつては、当該償却資産の当該改良が行われた部分とし、当該滅失し、若しくは損壊した償却資産又は当該取得若しくは改良が行われた償却資産が共有物である場合には、当該償却資産のうち滅失し、又は損壊した償却資産に代わるものとして政令で定める部分とする。）に対して課する固定資産税の課税標準は、第三百四十九条の二の規定にかかわらず、当該償却資産の取得又は改良が行われた日後最初に固定資産税を課することとなつた年度から四年度分の固定資産税に限り、政令で定めるところにより、当該償却資産に係る固定資産税の課税標準となるべき価格の二分の一の額（第三百四十九条の三の規定の適用を受ける償却資産にあつては、同条の規定により課税標準とされる額の二分の一の額）とする。

**（固定資産税の税率）**

**第三百五十条**　固定資産税の標準税率は、百分の一・四とする。

2　市町村は、当該市町村の固定資産税の一の納税義務者であつてその所有する固定資産に対して課すべき当該市町村の固定資産税の課税標準の総額が当該市町村の区域内に所在する固定資産に対して課すべき当該市町村の固定資産税の課税標準の総額の三分の二を超えるものがある場合において、固定資産税の税率を定め、又はこれを変更して百分の一・七を超える税率で固定資産税を課する旨の条例を制定しようとするときは、当該市町村の議会において、当該納税義務者の意見を聴くものとする。

**（固定資産税の免税点）**

**第三百五十一条**　市町村は、同一の者について当該市町村の区域内におけるその者の所有に係る土地、家屋又は償却資産に対して課する固定資産税の課税標準となるべき額が土地にあつては三十万円、家屋にあつては二十万円、償

却資産にあつては百五十万円に満たない場合においては、固定資産税を課することができない。ただし、財政上その他特別の必要がある場合においては、当該市町村の条例の定めるところによつて、その額がそれぞれ三十万円、二十万円又は百五十万円に満たないときであつても、固定資産税を課することができる。

**（徴税吏員等の固定資産税に関する調査に係る質問検査権）**

**第三百五十三条**　市町村の徴税吏員、固定資産評価員又は固定資産評価補助員は、固定資産税の賦課徴収に関する調査のために必要がある場合においては、次に掲げる者に質問し、又は第一号若しくは第二号の者の事業に関する帳簿書類（その作成又は保存に代えて電磁的記録（電子的方式、磁気的方式その他の人の知覚によつては認識することができない方式で作られる記録であつて、電子計算機による情報処理の用に供されるものをいう。）の作成又は保存がされている場合における当該電磁的記録を含む。次条第一項第一号及び第二号、第三百九十六条第一項、第三百九十六条の二第一項第六号並びに第三百九十七条第一項第一号及び第二号において同じ。）その他の物件を検査し、若しくは当該物件（その写しを含む。）の提示若しくは提出を求めることができる。

一　納税義務者又は納税義務があると認められる者

二　前号に掲げる者に金銭又は物品を給付する義務があると認められる者

三　前二号に掲げる者以外の者で当該固定資産税の賦課徴収に関し直接関係があると認められる者

2〜6　省略

**（固定資産税の納税管理人）**

**第三百五十五条**　固定資産税の納税義務者は、納税義務を負う市町村内に住所、居所、事務所又は事業所（以下本項において「住所等」という。）を有しない場合においては、納税に関する一切の事項を処理させるため、当該市町村の条例で定める地域内に住所等を有する者のうちから納税管理人を定めてこれを市町村長に申告し、又は当該地域外に住所等を有する者のうち当該事項の処理につき便宜を有するものを納税管理人として定めることについて市町

村長に申請してその承認を受けなければならない。納税管理人を変更し、又は変更しようとする場合においても、また、同様とする。

2　前項の規定にかかわらず、当該納税義務者は、当該納税義務者に係る固定資産税の徴収の確保に支障がないことについて市町村長に申請してその認定を受けたときは、納税管理人を定めることを要しない。

**（固定資産税の賦課期日）**

**第三百五十九条**　固定資産税の賦課期日は、当該年度の初日の属する年の一月一日とする。

**（固定資産税の納期）**

**第三百六十二条**　固定資産税の納期は、四月、七月、十二月及び二月中において、当該市町村の条例で定める。但し、特別の事情がある場合においては、これと異なる納期を定めることができる。

2　固定資産税額（第三百六十四条第十項の規定によつて都市計画税をあわせて徴収する場合にあつては、固定資産税額と都市計画税額との合算額とする。）が市町村の条例で定める金額以下であるものについては、当該市町村は、前項の規定によつて定められた納期のうちいずれか一の納期において、その全額を徴収することができる。

**（固定資産税の減免）**

**第三百六十七条**　市町村長は、天災その他特別の事情がある場合において固定資産税の減免を必要とすると認める者、貧困に因り生活のため公私の扶助を受ける者その他特別の事情がある者に限り、当該市町村の条例の定めるところにより、固定資産税を減免することができる。

**（固定資産課税台帳の登録事項）**

**第三百八十一条**　省略

2〜4　省略

5　市町村長は、償却資産課税台帳に、総務省令で定めるところにより、償却資産の所有者（第三百四十三条第九項及び第十項の場合には、これらの規定

により所有者とみなされる者とする。第三百八十三条並びに第七百四十二条第一項及び第三項において同じ。）の住所及び氏名又は名称並びにその所在、種類、数量及び価格を登録しなければならない。

6　市町村長は、前各項に定めるものの外、第三百四十九条の三又は第三百四十九条の三の二又は第三百四十九条の三の四の規定の適用を受ける固定資産については当該固定資産の価格にこれらの規定に定める率を乗じて得た金額を、第三百四十九条の四又は第三百四十九条の五の規定の適用を受ける償却資産についてはこれらの規定により市町村が固定資産税の課税標準とすべき金額を固定資産課税台帳に登録しなければならない。

7〜9　省略

**（固定資産の申告）**

**第三百八十三条**　固定資産税の納税義務がある償却資産の所有者（第三百八十九条第一項の規定によつて道府県知事若しくは総務大臣が評価すべき償却資産又は第七百四十二条第一項若しくは第三項の規定によつて道府県知事が指定した償却資産の所有者を除く。）は、総務省令の定めるところによつて、毎年一月一日現在における当該償却資産について、その所在、種類、数量、取得時期、取得価額、耐用年数、見積価額その他償却資産課税台帳の登録及び当該償却資産の価格の決定に必要な事項を一月三十一日までに当該償却資産の所在地の市町村長に申告しなければならない。

**（固定資産税に係る総務大臣の任務）**

**第三百八十八条**　総務大臣は、固定資産の評価の基準並びに評価の実施の方法及び手続（以下「固定資産評価基準」という。）を定め、これを告示しなければならない。この場合において、固定資産評価基準には、その細目に関する事項について道府県知事が定めなければならない旨を定めることができる。

2〜4　省略

**（道府県知事又は総務大臣の評価の権限等）**

**第三百八十九条**　道府県知事（次に掲げる固定資産について関係市町村が二以上の道府県に係るときは、総務大臣。以下この条において同じ。）は、次に掲げる固定資産について、固定資産評価基準により、第四百九条第一項から

第三項までの規定の例により評価を行つた後、総務省令の定めるところにより、当該固定資産が所在するものとされる市町村並びにその価格及び第三百四十九条の三、第三百四十九条の三の二又は第三百四十九条の三の四の規定の適用を受ける固定資産についてはその価格にそれぞれこれらの規定に定める率を乗じて得た額（以下固定資産税について「価格等」という。）を決定し、決定した価格等を当該市町村に配分し、毎年三月三十一日までに当該市町村の長に通知しなければならない。ただし、災害その他特別の事情がある場合においては、四月一日以後に通知することができる。

一　総務省令で定める船舶、車両その他の移動性償却資産又は可動性償却資産で二以上の市町村にわたつて使用されるもののうち総務大臣が指定するもの

二　鉄道、軌道、発電、送電、配電若しくは電気通信の用に供する固定資産又は二以上の市町村にわたつて所在する固定資産で、その全体を一の固定資産として評価しなければ適正な評価ができないと認められるもののうち総務大臣が指定するもの

2〜6　省略

**（道府県知事又は総務大臣によつて評価される固定資産の申告）**

**第三百九十四条**　第三百八十九条第一項の規定によつて道府県知事又は総務大臣が評価すべき固定資産の所有者で固定資産税の納税義務があるものは、総務省令の定めるところによつて、毎年一月一日現在における当該固定資産について、固定資産課税台帳に登録されるべき事項及びこれに記載をされている事項その他固定資産の評価に必要な事項を一月三十一日までに、道府県知事又は総務大臣に申告しなければならない。

**（固定資産の評価に関する事務に従事する市町村の職員の任務）**

**第四百三条**　市町村長は、第三百八十九条又は第七百四十三条の規定によつて道府県知事又は総務大臣が固定資産を評価する場合を除く外、第三百八十八条第一項の固定資産評価基準によつて、固定資産の価格を決定しなければならない。

2　固定資産の評価に関する事務に従事する市町村の職員は、総務大臣及び道

府県知事の助言によつて、且つ、納税者とともにする実地調査、納税者に対する質問、納税者の申告書の調査等のあらゆる方法によつて、公正な評価をするように努めなければならない。

**（固定資産の実地調査）**

**第四百八条**　市町村長は、固定資産評価員又は固定資産評価補助員に当該市町村所在の固定資産の状況を毎年少くとも一回実地に調査させなければならない。

**（都における普通税の特例）**

**第七百三十四条**　都は、その特別区の存する区域において、普通税として、第四条第二項に掲げるものを課するほか、第一条第二項の規定にかかわらず、第五条第二項第二号及び第六号に掲げるものを課するものとする。この場合においては、都を市とみなして第三章第二節及び第八節の規定を準用する。

2〜4　省略

5　都が第一項の規定によりその特別区の存する区域において、固定資産税を課する場合においては、第三百四十九条の四及び第三百四十九条の五の規定は、適用しない。

6　省略

**（特別区並びに指定都市の区及び総合区に関する特例）**

**第七百三十七条**　道府県民税、市町村民税及び固定資産税に関する規定の都及び地方自治法第二百五十二条の十九第一項の市（以下この条及び次条において「指定都市」という。）に対する準用及び適用については、特別区並びに指定都市の区及び総合区の区域は、一の市の区域とみなし、なお、特別の必要がある場合には、政令で特別の定めを設けることができる。

2・3　省略

**（大規模の償却資産の指定等）**

**第七百四十二条**　道府県知事は、第七百四十条の規定によつて道府県が固定資産税を課すべきものと認められる償却資産については、当該償却資産が第三百八十九条の規定によつて総務大臣が指定したものである場合を除き、こ

れを指定し、遅滞なく、その旨を当該償却資産の所有者及び当該償却資産の所在地の市町村長に通知しなければならない。

2　市町村長は、前項の規定による通知に係るもの以外になお第七百四十条の規定によつて道府県が固定資産税を課すべき償却資産があると認める場合においては、遅滞なく、その旨を道府県知事に通知しなければならない。

3　道府県知事は、前項の規定による市町村長の通知に基いて、第一項の規定による指定に追加して道府県が固定資産税を課すべきものと認められる償却資産を指定することができる。この場合においては、道府県知事は、遅滞なく、その旨を当該償却資産の所有者及び当該償却資産の所在地の市町村長に通知しなければならない。

**（道府県が課する固定資産税の賦課徴収等）**

第七百四十五条　大規模の償却資産に対して道府県が課する固定資産税の賦課徴収等に関しては、この節に特別の定めがあるものを除くほか、第三百四十一条第四号及び第五号、第三百四十三条第一項、第三百五十三条から第三百五十九条まで、第三百六十二条、第三百六十四条（第三項、第四項及び第十項を除く。）、第三百六十四条の二から第三百六十七条まで、第三百六十九条、第三百七十一条から第三百七十六条まで、第三百八十三条、第三百八十五条、第三百八十六条並びに第四百三条の規定を準用する。この場合において、これらの規定中「市町村」とあるのは「道府県」と、「市町村長」とあるのは「道府県知事」と読み替えるものとする。

2・3　省略


**2　地方税法附則**

**（固定資産税等の課税標準の特例）**

第十五条　省略

2〜44　省略

45　租税特別措置法第十条第八項第六号に規定する中小事業者又は同法第四十二条の四第十九項第七号に規定する中小企業者（以下この項において「中小事業者等」という。）が令和五年四月一日から令和七年三月三十一日まで

の期間（以下この項において「適用期間」という。）内に中小企業等経営強化法第五十三条第二項に規定する認定先端設備等導入計画（以下この項において「認定先端設備等導入計画」という。）に従つて取得（事業の用に供されたことのないものの取得に限る。以下この項において同じ。）をした同法第二条第十四項に規定する先端設備等（以下この項において「先端設備等」という。）に該当する機械及び装置、工具、器具及び備品並びに建物附属設備（家屋と一体となつて効用を果たすもの（第三百四十三条第十項の規定により家屋以外の資産とみなされたものを除く。）を除く。以下この項において「機械装置等」という。）(中小事業者等が認定先端設備等導入計画に従つて、法人税法第六十四条の二第三項に規定するリース取引（以下この項において「リース取引」という。）に係る契約により機械装置等を引き渡して使用させる事業を行う者が適用期間内に取得をした先端設備等に該当する機械装置等を、適用期間内にリース取引により引渡しを受けた場合における当該機械装置等を含む。）で政令で定めるものに対して課する固定資産税の課税標準は、第三百四十九条の二の規定にかかわらず、政令で定めるところにより、当該機械装置等に対して新たに固定資産税が課されることとなつた年度から三年度分の固定資産税に限り、当該機械装置等に係る固定資産税の課税標準となるべき価格の二分の一の額とする。ただし、当該機械装置等のうち租税特別措置法第十条の五の四第三項第八号又は第四十二条の十二の五第三項第九号に規定する雇用者給与等支給額の増加に係る事項として政令で定めるものが記載された認定先端設備等導入計画に従つて取得をしたものにあつては、当該機械装置等に対して新たに固定資産税が課されることとなつた年度から五年度分（令和六年四月一日から令和七年三月三十一日までの間に取得をしたものにあつては、当該機械装置等に対して新たに固定資産税が課されることとなつた年度から四年度分）の固定資産税に限り、当該機械装置等に係る固定資産税の課税標準となるべき価格の三分の一の額とする。

46　道路運送法第三条第一号イに規定する一般乗合旅客自動車運送事業を経営する者（同法第五条第一項第三号に規定する路線定期運行を行う者に限る。）が地域公共交通の活性化及び再生に関する法律第十四条第三項の規定による認定を受けた同法第十三条第一項に規定する道路運送高度化実施計画に基づき実施する同法第二条第七号に規定する道路運送高度化事業（同号ハ

に掲げるものに限る。以下この項において「特定道路運送高度化事業」という。）の用に供する電気自動車（電気を動力源とする自動車で内燃機関を有しないものをいう。）で総務省令で定めるものの充電の用に供する土地及び償却資産で政令で定めるものに対して課する固定資産税又は都市計画税の課税標準は、第三百四十九条、第三百四十九条の二又は第七百二条第一項の規定にかかわらず、当該土地及び償却資産が地域公共交通の活性化及び再生に関する法律等の一部を改正する法律（令和五年法律第十八号）附則第一条第二号に掲げる規定の施行の日から令和十年三月三十一日までの期間内に最初に特定道路運送高度化事業の用に供された日（以下この項において「供用開始日」という。）の属する年の翌年の一月一日（供用開始日が一月一日である場合には、同日）を賦課期日とする年度から五年度分の固定資産税又は都市計画税に限り、当該土地及び償却資産に係る固定資産税又は都市計画税の課税標準となるべき価格の三分の一の額とする。

## 3　地方税法施行令

### （法第三百四十一条第四号の資産）

**第四十九条**　法第三百四十一条第四号に規定する政令で定める資産は、法人税法又は所得税法の規定による所得の計算上、法人税法施行令第百三十三条若しくは第百三十三条の二第一項又は所得税法施行令第百三十八条若しくは第百三十九条第一項の規定によつてその取得価額（法人税法施行令第五十四条第一項各号又は所得税法施行令第百二十六条第一項各号若しくは第二項の規定により計算した価額をいう。以下この条において同じ。）の全部又は一部が損金又は必要な経費に算入される資産とする。ただし、法人税法第六十四条の二第一項又は所得税法第六十七条の二第一項に規定するリース資産にあつては、当該リース資産の所有者が当該リース資産を取得した際における取得価額が二十万円未満のものとする。

## 4　地方税法施行規則

### （法第三百四十三条第十項の家屋の附帯設備）

**第十条の二の十五**　法第三百四十三条第十項に規定する総務省令で定めるもの
は、木造家屋にあつては外壁仕上、内壁仕上、天井仕上、造作、床又は建具とし、
木造家屋以外の家屋にあつては外周壁骨組、間仕切骨組、外壁仕上、内壁仕
上、床仕上、天井仕上、屋根仕上又は建具とする。

### （法第三百八十九条第一項の規定によつて総務大臣がする固定資産の指定等）

**第十五条の六**　法第三百八十九条第一項第一号の規定によつて総務大臣が指定
する償却資産は、船舶、車両その他総務大臣が必要と認めるものとする。

2・3　省略

4　総務大臣は、法第三百八十九条第一項各号の規定による指定をした場合に
おいては、その旨を官報によつて告示するものとする。

## 5　地方税法の施行に関する取扱いについて（市町村税関係）

### ＜総務事務次官通知＞

#### 第3章　固定資産税

##### 第1節　通則

###### 第1　課税客体

一・二　省略

三　事業用家屋であってその家屋の全部又は一部がそれに附接する構築物とそ
の区分が明瞭でなく、その所有者の資産区分においても構築物として経理さ
れているものについては、その区分の不明確な部分を償却資産として取り扱
うことが適当であること。

四　法第三百四十一条第四号の償却資産の定義のうち、「事業の用に供するこ
とができる」とは、現在事業の用に供しているものはもとより、遊休、未稼
動のものも含まれる趣旨であるが、いわゆる貯蔵品とみられるものは、棚卸
資産に該当するので、償却資産には含まないものであること。（法三四一─Ⅳ）

五　「その減価償却額又は減価償却費が法人税法又は所得税法の規定による所
得の計算上損金又は必要な経費に算入されるもの」とは、法人税法施行令第

十三条又は所得税法施行令第六条に規定する資産をいうものであるが、法第三百四十一条第四号の償却資産は、これらの資産のうち家屋及び無形固定資産以外の資産をいうものであり、現実に必ずしも所得の計算上損金又は必要な経費に算入されていることは要しないのであって、当該資産の性質上損金又は必要な経費に算入されるべきものであれば足りるものであること。ただし、法人税法施行令第十三条第九号又は所得税法施行令第六条第九号に掲げる牛、馬、果樹その他の生物は、これらの資産の性格にかんがみ、固定資産税の課税客体とはしないものとすること。(法三四一Ⅳ)

六　いわゆる簿外資産も事業の用に供し得るものについては、償却資産の中に含まれるものであること。

七　建設中仮勘定において経理されているものであっても、その一部が賦課期日までに完成し、事業の用に供されているものは、償却資産として取り扱うこと。

八　鉱山の主要坑道以外の坑道は、地下埋蔵資源と一体をなすものと考えられ、かつ、経費的な性格を有するものである点をも考慮して一般の償却資産と同様の取扱いをすることは不適当であるので、鉱業権と一体をなすものと考え課税客体としないものであること。また、鉱山道路も公共の用に供している限りは課税客体とならないものであること。

九　自転車及び荷車のうち事業用のものとして課税の対象にするのは、原則として企業が現に減価償却資産としてその減価償却額又は減価償却費を損金又は必要な経費に算入することとしているものに限ること。

　　なお、一般の農家、小売商店等において同一の自転車又は荷車を家事用にも使用しているような場合には、原則として、非事業用として取り扱うこと。

十　「償却資産に係る売買があつた場合において売主が当該償却資産の所有権を留保しているとき」とは、例えば、所有権留保付割賦販売の場合等をいい、この場合は、売主及び買主は、当該償却資産に対する固定資産税については法第十条の二第一項の規定により連帯納税義務者となるものであること。したがって、売主又は買主に対し、納税通知書の発付、督促及び滞納処分をすることができるものであるが、割賦販売の場合等にあっては、社会の納税意識に合致するよう原則として買主に対して課税するものとすること。

　　なお、当該償却資産の申告についても、原則として買主が行うよう取り扱

うものとすること。(法三四二③)

### 第2　納税義務者

十一・十二　省略

十三　信託会社(金融機関の信託業務の兼営等に関する法律(昭和十八年法律
　　第四十三号)により同法第1条第1項に規定する信託業務を営む同項に規定
　　する金融機関を含む。以下本項において同じ。)が信託の引受けをした償却
　　資産で、その信託行為の定めるところにしたがい当該信託会社が他の者にこ
　　れを譲渡することを条件として当該他の者に賃貸し、かつ、当該他の者がこれ
　　れを事業の用に供しているものについては、当該他の者をもって固定資産税
　　の納税義務者である所有者とみなすこととされているが、これは、当該資産
　　については、信託業務の運営上、名目上の所有権者は信託会社となっている
　　が、信託会社が名目的な所有権を保有するにとどまり、当該資産の実質的な
　　収益の帰属はむしろ当該資産を現に使用収益し、究極的には、その所有権を
　　取得することとなる当該他の者に帰属するものと考えられるので、このよう
　　な事実を考慮して実態に即するように、当該他の者に固定資産税を負担させ
　　ることとしているものであること。(法三四三⑨)

## 6　民法

### (不動産の付合)

**第二百四十二条**　不動産の所有者は、その不動産に従として付合した物の所有
　　権を取得する。ただし、権原によってその物を附属させた他人の権利を妨げ
　　ない。

## 7　法人税法

### (リース取引に係る所得の金額の計算)

**第六十四条の二**　内国法人がリース取引を行つた場合には、そのリース取引の
　　目的となる資産(以下この項において「リース資産」という。)の賃貸人か
　　ら賃借人への引渡しの時に当該リース資産の売買があつたものとして、当該

賃貸人又は賃借人である内国法人の各事業年度の所得の金額を計算する。

2〜4　省略

## 8　法人税法施行令

### （減価償却資産の償却の方法）

**第四十八条の二**　平成十九年四月一日以後に取得をされた減価償却資産（第六号に掲げる減価償却資産にあつては、当該減価償却資産についての所有権移転外リース取引に係る契約が平成二十年四月一日以後に締結されたもの）の償却限度額の計算上選定をすることができる法第三十一条第一項（減価償却資産の償却費の計算及びその償却の方法）に規定する政令で定める償却の方法は、次の各号に掲げる資産の区分に応じ当該各号に定める方法とする。

　一〜六　省略

2〜4　省略

5　この条において、次の各号に掲げる用語の意義は、当該各号に定めるところによる。

　一〜三　省略

　四　リース資産　所有権移転外リース取引に係る賃借人が取得したものとされる減価償却資産をいう。

　五　所有権移転外リース取引　法第六十四条の二第三項（リース取引に係る所得の金額の計算）に規定するリース取引（以下この号及び第七号において「リース取引」という。）のうち、次のいずれかに該当するもの（これらに準ずるものを含む。）以外のものをいう。

　　イ　リース期間終了の時又はリース期間の中途において、当該リース取引に係る契約において定められている当該リース取引の目的とされている資産（以下この号において「目的資産」という。）が無償又は名目的な対価の額で当該リース取引に係る賃借人に譲渡されるものであること。

　　ロ　当該リース取引に係る賃借人に対し、リース期間終了の時又はリース期間の中途において目的資産を著しく有利な価額で買い取る権利が与えられているものであること。

　　ハ　目的資産の種類、用途、設置の状況等に照らし、当該目的資産がその

使用可能期間中当該リース取引に係る賃借人によつてのみ使用されると見込まれるものであること又は当該目的資産の識別が困難であると認められるものであること。

ニ　リース期間が目的資産の第五十六条（減価償却資産の耐用年数、償却率等）に規定する財務省令で定める耐用年数に比して相当短いもの（当該リース取引に係る賃借人の法人税の負担を著しく軽減することになると認められるものに限る。）であること。

六～九　省略

6　省略


**（減価償却資産の取得価額）**

**第五十四条**　減価償却資産の第四十八条から第五十条まで（減価償却資産の償却の方法）に規定する取得価額は、次の各号に掲げる資産の区分に応じ当該各号に定める金額とする。

一　購入した減価償却資産　次に掲げる金額の合計額

イ　当該資産の購入の代価（引取運賃、荷役費、運送保険料、購入手数料、関税（関税法第二条第一項第四号の二（定義）に規定する附帯税を除く。）その他当該資産の購入のために要した費用がある場合には、その費用の額を加算した金額）

ロ　当該資産を事業の用に供するために直接要した費用の額

二　自己の建設、製作又は製造（以下この項及び次項において「建設等」という。）に係る減価償却資産　次に掲げる金額の合計額

イ　当該資産の建設等のために要した原材料費、労務費及び経費の額

ロ　当該資産を事業の用に供するために直接要した費用の額

三　自己が成育させた第十三条第九号イ（減価償却資産の範囲）に掲げる生物（以下この号において「牛馬等」という。）　次に掲げる金額の合計額

イ　成育させるために取得（適格合併又は適格分割型分割による被合併法人又は分割法人からの引継ぎを含む。次号イにおいて同じ。）をした牛馬等に係る第一号イ、第五号イ（1）若しくはロ（1）若しくは第六号イに掲げる金額又は種付費及び出産費の額並びに当該取得をした牛馬等の成育のために要した飼料費、労務費及び経費の額

　ロ　成育させた牛馬等を事業の用に供するために直接要した費用の額

四　自己が成熟させた第十三条第九号ロ及びハに掲げる生物（以下この号において「果樹等」という。）　次に掲げる金額の合計額

　イ　成熟させるために取得をした果樹等に係る第一号イ、次号イ（1）若しくはロ（1）若しくは第六号イに掲げる金額又は種苗費の額並びに当該取得をした果樹等の成熟のために要した肥料費、労務費及び経費の額

　ロ　成熟させた果樹等を事業の用に供するために直接要した費用の額

五　適格合併、適格分割、適格現物出資又は適格現物分配により移転を受けた減価償却資産　次に掲げる区分に応じそれぞれ次に定める金額

　イ　適格合併又は適格現物分配（適格現物分配にあつては、残余財産の全部の分配に限る。以下この号において「適格合併等」という。）により移転を受けた減価償却資産　次に掲げる金額の合計額

　　（1）　当該適格合併等に係る被合併法人又は現物分配法人が当該適格合併の日の前日又は当該残余財産の確定の日の属する事業年度において当該資産の償却限度額の計算の基礎とすべき取得価額

　　（2）　当該適格合併等に係る合併法人又は被現物分配法人が当該資産を事業の用に供するために直接要した費用の額

　ロ　適格分割、適格現物出資又は適格現物分配（適格現物分配にあつては、残余財産の全部の分配を除く。以下この号において「適格分割等」という。）により移転を受けた減価償却資産　次に掲げる金額の合計額

　　（1）　当該適格分割等に係る分割法人、現物出資法人又は現物分配法人が当該適格分割等の日の前日を事業年度終了の日とした場合に当該事業年度において当該資産の償却限度額の計算の基礎とすべき取得価額

　　（2）　当該適格分割等に係る分割承継法人、被現物出資法人又は被現物分配法人が当該資産を事業の用に供するために直接要した費用の額

六　前各号に規定する方法以外の方法により取得をした減価償却資産　次に掲げる金額の合計額

　イ　その取得の時における当該資産の取得のために通常要する価額

　ロ　当該資産を事業の用に供するために直接要した費用の額

2　内国法人が前項第二号に掲げる減価償却資産につき算定した建設等の原価

の額が同号イ及びロに掲げる金額の合計額と異なる場合において、その原価の額が適正な原価計算に基づいて算定されているときは、その原価の額に相当する金額をもつて当該資産の同号の規定による取得価額とみなす。

3〜6　省略

**（資本的支出の取得価額の特例）**

**第五十五条**　内国法人が有する減価償却資産について支出する金額のうちに第百三十二条（資本的支出）の規定によりその支出する日の属する事業年度の所得の金額の計算上損金の額に算入されなかつた金額がある場合には、当該金額を前条第一項の規定による取得価額として、その有する減価償却資産と種類及び耐用年数を同じくする減価償却資産を新たに取得したものとする。

2　前項に規定する場合において、同項に規定する内国法人が有する減価償却資産についてそのよるべき償却の方法として第四十八条第一項（減価償却資産の償却の方法）に規定する償却の方法を採用しているときは、前項の規定にかかわらず、同項の支出した金額を当該減価償却資産の前条第一項の規定による取得価額に加算することができる。

3　省略

4　内国法人の当該事業年度の前事業年度において第一項に規定する損金の額に算入されなかつた金額がある場合において、同項に規定する内国法人が有する減価償却資産（平成二十四年三月三十一日以前に取得をされた資産を除く。以下この項において「旧減価償却資産」という。）及び第一項の規定により新たに取得したものとされた減価償却資産（以下この項及び次項において「追加償却資産」という。）についてそのよるべき償却の方法として定率法を採用しているときは、第一項の規定にかかわらず、当該事業年度開始の時において、その時における旧減価償却資産の帳簿価額と追加償却資産の帳簿価額との合計額を前条第一項の規定による取得価額とする一の減価償却資産を、新たに取得したものとすることができる。

5　内国法人の当該事業年度の前事業年度において第一項に規定する損金の額に算入されなかつた金額がある場合において、当該金額に係る追加償却資産について、そのよるべき償却の方法として定率法を採用し、かつ、前項の規定の適用を受けないときは、第一項及び前項の規定にかかわらず、当該事業

年度開始の時において、当該適用を受けない追加償却資産のうち種類及び耐用年数を同じくするものの当該開始の時における帳簿価額の合計額を前条第一項の規定による取得価額とする一の減価償却資産を、新たに取得したものとすることができる。

**（耐用年数の短縮）**

第五十七条　内国法人は、その有する減価償却資産が次に掲げる事由のいずれかに該当する場合において、その該当する減価償却資産の使用可能期間のうちいまだ経過していない期間（以下第四項までにおいて「未経過使用可能期間」という。）を基礎としてその償却限度額を計算することについて納税地の所轄国税局長の承認を受けたときは、当該資産のその承認を受けた日の属する事業年度以後の各事業年度の償却限度額の計算については、その承認に係る未経過使用可能期間をもつて前条に規定する財務省令で定める耐用年数（以下この項において「法定耐用年数」という。）とみなす。

一　当該資産の材質又は製作方法がこれと種類及び構造を同じくする他の減価償却資産の通常の材質又は製作方法と著しく異なることにより、その使用可能期間が法定耐用年数に比して著しく短いこと。

二　当該資産の存する地盤が隆起し又は沈下したことにより、その使用可能期間が法定耐用年数に比して著しく短いこととなつたこと。

三　当該資産が陳腐化したことにより、その使用可能期間が法定耐用年数に比して著しく短いこととなつたこと。

四　当該資産がその使用される場所の状況に基因して著しく腐食したことにより、その使用可能期間が法定耐用年数に比して著しく短いこととなつたこと。

五　当該資産が通常の修理又は手入れをしなかつたことに基因して著しく損耗したことにより、その使用可能期間が法定耐用年数に比して著しく短いこととなつたこと。

六　前各号に掲げる事由以外の事由で財務省令で定めるものにより、当該資産の使用可能期間が法定耐用年数に比して著しく短いこと又は短いこととなつたこと。

2　前項の承認を受けようとする内国法人は、同項の規定の適用を受けようと

する減価償却資産の種類及び名称、その所在する場所、その使用可能期間、その未経過使用期間その他財務省令で定める事項を記載した申請書に当該資産が前項各号に掲げる事由のいずれかに該当することを証する書類を添付し、納税地の所轄税務署長を経由して、これを納税地の所轄国税局長に提出しなければならない。

3　国税局長は、前項の申請書の提出があつた場合には、遅滞なく、これを審査し、その申請に係る減価償却資産の使用可能期間及び未経過使用期間を認め、若しくはその使用可能期間及び未経過使用期間を定めて第一項の承認をし、又はその申請を却下する。

4　国税局長は、第一項の承認をした後、その承認に係る未経過使用可能期間により同項の減価償却資産の償却限度額の計算をすることを不適当とする特別の事由が生じたと認める場合には、その承認を取り消し、又はその承認に係る使用可能期間及び未経過使用可能期間を伸長することができる。

5　国税局長は、前二項の処分をするときは、その処分に係る内国法人に対し、書面によりその旨を通知する。

6　第三項の承認の処分又は第四項の処分があつた場合には、その処分のあつた日の属する事業年度以後の各事業年度の所得の金額を計算する場合のその処分に係る減価償却資産の償却限度額の計算についてその処分の効果が生ずるものとする。

7〜10　省略

**（通常の使用時間を超えて使用される機械及び装置の償却限度額の特例）**

**第六十条**　内国法人が、その有する機械及び装置（そのよるべき償却の方法として旧定額法、旧定率法、定額法又は定率法を採用しているものに限る。）の使用時間がその内国法人の営む事業の通常の経済事情における当該機械及び装置の平均的な使用時間を超える場合において、当該機械及び装置の当該事業年度の償却限度額と当該償却限度額に当該機械及び装置の当該平均的な使用時間を超えて使用することによる損耗の程度に応ずるものとして財務省令で定めるところにより計算した増加償却割合を乗じて計算した金額との合計額をもつて当該機械及び装置の当該事業年度の償却限度額としようとする旨その他財務省令で定める事項を記載した書類を、当該事業年度に係る法第

七十四条第一項（確定申告）の規定による申告書の提出期限（法第三十一条第二項（減価償却資産の償却費の計算及びその償却の方法）に規定する適格分割等により移転する当該機械及び装置で同項の規定の適用を受けるものについてこの条の規定の適用を受けようとする場合には、法第三十一条第三項に規定する書類の提出期限）までに納税地の所轄税務署長に提出し、かつ、当該平均的な使用時間を超えて使用したことを証する書類を保存しているときは、当該機械及び装置の当該事業年度の償却限度額は、前二条の規定にかかわらず、当該合計額とする。ただし、当該増加償却割合が百分の十に満たない場合は、この限りでない。

**（少額の減価償却資産の取得価額の損金算入）**

**第百三十三条**　内国法人がその事業の用に供した減価償却資産（第四十八条第一項第六号及び第四十八条の二第一項第六号（減価償却資産の償却の方法）に掲げるものを除く。）で、取得価額（第五十四条第一項各号（減価償却資産の取得価額）の規定により計算した価額をいう。次条第一項において同じ。）が十万円未満であるもの（貸付け（主要な事業として行われるものを除く。）の用に供したものを除く。）又は前条第一号に規定する使用可能期間が一年未満であるものを有する場合において、その内国法人が当該資産の当該取得価額に相当する金額につきその事業の用に供した日の属する事業年度において損金経理をしたときは、その損金経理をした金額は、当該事業年度の所得の金額の計算上、損金の額に算入する。

2　前項に規定する主要な事業として行われる貸付けに該当するかどうかの判定その他同項の規定の適用に関し必要な事項は、財務省令で定める。

**（一括償却資産の損金算入）**

**第百三十三条の二**　内国法人が各事業年度において減価償却資産で取得価額が二十万円未満であるもの（第四十八条第一項第六号及び第四十八条の二第一項第六号（減価償却資産の償却の方法）に掲げるもの並びに前条第一項の規定の適用を受けるものを除く。以下この項において「対象資産」という。）を事業の用に供した場合において、その内国法人が当該対象資産（貸付け（主要な事業として行われるものを除く。）の用に供したものを除く。）の全部又

は特定の一部を一括したもの（適格合併、適格分割、適格現物出資又は適格
現物分配(以下この条において「適格組織再編成」という。)により被合併法人、
分割法人、現物出資法人又は現物分配法人（以下この項において「被合併法
人等」という。）から引継ぎを受けた当該被合併法人等の各事業年度におい
て生じた当該一括したものを含むものとし、適格分割、適格現物出資又は適
格現物分配（適格現物分配にあつては、残余財産の全部の分配を除く。以下
この条において「適格分割等」という。）により分割承継法人、被現物出資
法人又は被現物分配法人（以下この条において「分割承継法人等」という。）
に引き継いだ当該一括したものを除く。以下この条において「一括償却資産」
という。）の取得価額（適格組織再編成により被合併法人等から引継ぎを受
けた一括償却資産にあつては、当該被合併法人等におけるその取得価額）の
合計額（以下この項及び第十一項において「一括償却対象額」という。）を
当該事業年度以後の各事業年度の費用の額又は損失の額とする方法を選定し
たときは、当該一括償却資産につき当該事業年度以後の各事業年度の所得の
金額の計算上損金の額に算入する金額は、その内国法人が当該一括償却資産
の全部又は一部につき損金経理をした金額（以下この条において「損金経理
額」という。）のうち、当該一括償却資産に係る一括償却対象額を三十六で
除しこれに当該事業年度の月数を乗じて計算した金額（適格組織再編成によ
り被合併法人等から引継ぎを受けた当該被合併法人等の各事業年度において
生じた一括償却資産につき当該適格組織再編成の日の属する事業年度におい
て当該金額を計算する場合にあつては、当該一括償却資産に係る一括償却対
象額を三十六で除し、これにその日から当該事業年度終了の日までの期間の
月数を乗じて計算した金額。次項において「損金算入限度額」という。）に
達するまでの金額とする。

2〜13　省略

## 9　平成19年改正前法人税法施行令
### （リース取引に係る所得の計算）
**第百三十六条の三**　内国法人がリース取引をした場合において、そのリース取
引が次のいずれかに該当するもの又はこれらに準ずるものであるときは、そ

のリース取引の目的となる資産（以下この項において「リース資産」という。）
の賃貸人から賃借人への引渡しの時に当該リース資産の売買があつたものと
して、その内国法人の各事業年度の所得の金額を計算するものとする。

一　リース期間（リース取引に係る賃貸借期間をいう。以下この項において
　　同じ。）終了の時又はリース期間の中途において、リース資産が無償又は
　　名目的な対価の額で当該賃借人に譲渡されるものであること。

二　当該賃借人に対し、リース期間終了の時又はリース期間の中途において
　　リース資産を著しく有利な価額で買い取る権利が与えられているものであ
　　ること。

三　リース資産の種類、用途、設置の状況等に照らし、リース資産がその使
　　用可能期間中当該賃借人によつてのみ使用されると見込まれるものである
　　こと又はリース資産の識別が困難であると認められるものであること。

四　リース期間がリース資産の第五十六条（減価償却資産の耐用年数、償却
　　率及び残存価額）に規定する大蔵省令で定める耐用年数に比して相当の差
　　異があるもの（当該賃貸人又は当該賃借人の法人税又は所得税の負担を著
　　しく軽減することになると認められるものに限る。）であること。

2　内国法人が譲受人から譲渡人に対する賃貸（リース取引に該当するものに
　限る。）を条件に資産の売買を行つた場合において、当該資産の種類、当該
　売買及び賃貸に至るまでの事情その他の状況に照らし、これら一連の取引が
　実質的に金銭の貸借であると認められるときは、当該資産の売買はなかつた
　ものとし、かつ、当該譲受人から当該譲渡人に対する金銭の貸付けがあつた
　ものとして、その内国法人の各事業年度の所得の金額を計算するものとする。

3　前二項に規定するリース取引とは、資産の賃貸借で、次の要件を満たすも
　のをいう。

一　当該賃貸借に係る契約が、賃貸借期間の中途においてその解除をするこ
　　とができないものであること又はこれに準ずるものであること。

二　当該賃貸借に係る賃借人が当該賃貸借に係る資産からもたらされる経済
　　的な利益を実質的に享受することができ、かつ、当該資産の使用に伴つて
　　生ずる費用を実質的に負担すべきこととされているものであること。

## 10　平成23年改正前法人税法施行令

### （陳腐化した減価償却資産の償却限度額の特例）

**第六十条の二**　内国法人が、その有する減価償却資産が技術の進歩その他の理由により著しく陳腐化した場合において、当該資産の使用可能期間を基礎として既に所得の金額又は連結所得の金額の計算上損金の額に算入された償却費の額を修正することについて納税地の所轄国税局長の承認を受けたときは、その承認を受けた資産のその承認を受けた日の属する事業年度の償却限度額は、当該資産につき租税特別措置法第四十六条（経営基盤強化計画を実施する指定中小企業者の機械等の割増償却）、第四十六条の二第一項（障害者を雇用する場合の機械等の割増償却）又は第四十六条の三から第四十八条まで（支援事業所取引金額が増加した場合の三年以内取得資産の割増償却等）の規定の適用を受ける場合を除き、前三条の規定にかかわらず、これらの規定により計算した当該資産の償却限度額と第一号に掲げる金額から第二号に掲げる金額を控除した金額（第五項において「陳腐化償却限度額」という。）との合計額とする。

一　当該資産の当該事業年度開始の日における帳簿価額

二　当該資産につきその取得（建設、製作又は製造を含む。）の時から当該承認に係る使用可能期間を基礎として当該事業年度において採用している償却の方法により償却を行つたものとした場合に計算される当該事業年度開始の日における帳簿価額

2　前項の承認を受けようとする内国法人は、同項の規定の適用を受けようとする減価償却資産の種類及び名称、その所在する場所、その使用可能期間その他財務省令で定める事項を記載した申請書に当該資産が著しく陳腐化したことを証する書類を添付し、納税地の所轄税務署長を経由して、これを納税地の所轄国税局長に提出しなければならない。

3　国税局長は、前項の申請書の提出があつた場合には、遅滞なく、これを審査し、その申請に係る減価償却資産の使用可能期間を認め、若しくはその使用可能期間を定めて第一項の承認をし、又はその申請を却下する。

4　国税局長は、前項の処分をするときは、その処分に係る内国法人に対し、書面によりその旨を通知する。

5〜6　省略

## 11　法人税取扱通達　基本通達
### （美術品等についての減価償却資産の判定）

**7-1-1**　「時の経過によりその価値の減少しない資産」は減価償却資産に該当しないこととされているが、次に掲げる美術品等は「時の経過によりその価値の減少しない資産」と取り扱う。（昭55年直法2-8「十九」、平元年直法2-7「二」、平26年課法2-12「一」により改正）

(1)　古美術品、古文書、出土品、遺物等のように歴史的価値又は希少価値を有し、代替性のないもの

(2)　(1)以外の美術品等で、取得価額が1点100万円以上であるもの（時の経過によりその価値が減少することが明らかなものを除く。）

(注)1　時の経過によりその価値が減少することが明らかなものには、例えば、会館のロビーや葬祭場のホールのような不特定多数の者が利用する場所の装飾用や展示用（有料で公開するものを除く。）として法人が取得するもののうち、移設することが困難で当該用途にのみ使用されることが明らかなものであり、かつ、他の用途に転用すると仮定した場合にその設置状況や使用状況から見て美術品等としての市場価値が見込まれないものが含まれる。

2　取得価額が1点100万円未満であるもの（時の経過によりその価値が減少しないことが明らかなものを除く。）は減価償却資産と取り扱う。

### （有姿除却）

**7-7-2**　次に掲げるような固定資産については、たとえ当該資産につき解撤、破砕、廃棄等をしていない場合であっても、当該資産の帳簿価額からその処分見込価額を控除した金額を除却損として損金の額に算入することができるものとする（昭55年直法2-8「二十五」により追加）。

(1)　その使用を廃止し、今後通常の方法により事業の用に供する可能性がないと認められる固定資産

⑵　特定の製品の生産のために専用されていた金型等で、当該製品の生産を中止したことにより将来使用される可能性のほとんどないことがその後の状況等からみて明らかなもの

## 12　租税特別措置法
**（中小企業者の少額減価償却資産の取得価額の必要経費算入の特例）**

**第二十八条の二**　中小事業者（第十条第八項第六号に規定する中小事業者で青色申告書を提出するもののうち、事務負担に配慮する必要があるものとして政令で定めるものをいう。以下この項において同じ。）が、平成十八年四月一日から令和六年三月三十一日までの間に取得し、又は製作し、若しくは建設し、かつ、当該中小事業者の不動産所得、事業所得又は山林所得を生ずべき業務の用に供した減価償却資産で、その取得価額が三十万円未満であるもの（その取得価額が十万円未満であるもの及び第十九条第一項各号に掲げる規定の適用を受けるものその他政令で定めるものを除く。以下この条において「少額減価償却資産」という。）については、所得税法第四十九条第一項の規定にかかわらず、当該少額減価償却資産の取得価額に相当する金額を、当該中小事業者のその業務の用に供した年分の不動産所得の金額、事業所得の金額又は山林所得の金額の計算上、必要経費に算入する。この場合において、当該中小事業者のその業務の用に供した年分における少額減価償却資産の取得価額の合計額が三百万円（当該業務の用に供した年がその業務を開始した日の属する年又はその業務を廃止した日の属する年である場合には、これらの年については、三百万円を十二で除し、これにこれらの年において業務を営んでいた期間の月数を乗じて計算した金額。以下この項において同じ。）を超えるときは、その取得価額の合計額のうち三百万円に達するまでの少額減価償却資産の取得価額の合計額を限度とする。

2　前項の月数は、暦に従つて計算し、一月に満たない端数を生じたときは、これを一月とする。

3　第一項の規定は、確定申告書に少額減価償却資産の取得価額に関する明細書の添付がある場合に限り、適用する。

4　第一項の規定の適用を受けた少額減価償却資産について所得税に関する法

令の規定を適用する場合には、同項の規定によりその年分の不動産所得の金額、事業所得の金額又は山林所得の金額の計算上必要経費に算入された金額は、当該少額減価償却資産の取得価額に算入しない。

5　省略

**（中小企業者等の少額減価償却資産の取得価額の損金算入の特例）**

**第六十七条の五**　中小企業者等（第四十二条の四第十九項第七号に規定する中小企業者（同項第八号に規定する適用除外事業者に該当するものを除く。）又は同項第九号に規定する農業協同組合等で、青色申告書を提出するもの（通算法人を除く。）のうち、事務負担に配慮する必要があるものとして政令で定めるものをいう。以下この項において同じ。）が、平成十八年四月一日から令和六年三月三十一日までの間に取得し、又は製作し、若しくは建設し、かつ、当該中小企業者等の事業の用に供した減価償却資産で、その取得価額が三十万円未満であるもの（その取得価額が十万円未満であるもの及び第五十三条第一項各号に掲げる規定の適用を受けるものその他政令で定めるものを除く。以下この条において「少額減価償却資産」という。）を有する場合において、当該少額減価償却資産の取得価額に相当する金額につき当該中小企業者等の事業の用に供した日を含む事業年度において損金経理をしたときは、その損金経理をした金額は、当該事業年度の所得の金額の計算上、損金の額に算入する。この場合において、当該中小企業者等の当該事業年度における少額減価償却資産の取得価額の合計額が三百万円（当該事業年度が一年に満たない場合には、三百万円を十二で除し、これに当該事業年度の月数を乗じて計算した金額。以下この項において同じ。）を超えるときは、その取得価額の合計額のうち三百万円に達するまでの少額減価償却資産の取得価額の合計額を限度とする。

2　前項の月数は、暦に従つて計算し、一月に満たない端数を生じたときは、これを一月とする。

3　第一項の規定は、確定申告書等に同項の規定の適用を受ける少額減価償却資産の取得価額に関する明細書の添付がある場合に限り、適用する。

4　第一項の規定の適用を受けた少額減価償却資産について法人税に関する法令の規定を適用する場合には、同項の規定により各事業年度の所得の金額の

計算上損金の額に算入された金額は、当該少額減価償却資産の取得価額に算入しない。

5　省略


## 13　租税特別措置法施行令

**（中小企業者の少額減価償却資産の取得価額の必要経費算入の特例）**

**第十八条の五**　省略

2　法第二十八条の二第一項に規定する政令で定める減価償却資産は、次に掲げる規定の適用を受ける減価償却資産及び貸付け（主要な業務として行われるものを除く。）の用に供した減価償却資産とする。

　一　所得税法施行令第百三十八条又は第百三十九条の規定

　二　法第三十三条の六第一項、第三十七条の三第一項又は第三十七条の五第四項の規定

　三　第十六条の三第六項又は第十八条の七第七項の規定

3　省略


## 14　減価償却資産の耐用年数等に関する省令

**（中古資産の耐用年数等）**

**第三条**　個人において使用され、又は法人において事業の用に供された所得税法施行令第六条各号（減価償却資産の範囲）又は法人税法施行令第十三条各号（減価償却資産の範囲）に掲げる資産（これらの資産のうち試掘権以外の鉱業権及び坑道を除く。以下の項において同じ。）の取得（法人税法第二条第十二号の八（定義）に規定する適格合併又は同条第十二号の十二に規定する適格分割型分割（以下この項において「適格分割型分割」という。）による同条第十一号に規定する被合併法人又は同条第十二号の二に規定する分割法人からの引継ぎ（以下この項において「適格合併等による引継ぎ」という。）を含む。）をしてこれを個人の業務又は法人の事業の用に供した場合における当該資産の耐用年数は、前二条の規定にかかわらず、次に掲げる年数によることができる。ただし、当該資産を個人の業務又は法人の事業の用に供す

るために当該資産について支出した所得税法施行令第百八十一条（資本的支出）又は法人税法施行令第百三十二条（資本的支出）に規定する金額が当該資産の取得価額（適格合併等による引継ぎの場合にあつては、同法第六十二条の二第一項（適格合併及び適格分割型分割による資産等の帳簿価額による引継ぎ）に規定する時又は適格分割型分割の直前の帳簿価額）の百分の五十に相当する金額を超える場合には、第二号に掲げる年数についてはこの限りでない。

一　当該資産をその用に供した時以後の使用可能期間（個人が当該資産を取得した後直ちにこれをその業務の用に供しなかつた場合には、当該資産を取得した時から引き続き業務の用に供したものとして見込まれる当該取得の時以後の使用可能期間）の年数

二　次に掲げる資産（別表第一、別表第二、別表第五又は別表第六に掲げる減価償却資産であつて、前号の年数を見積もることが困難なものに限る。）の区分に応じそれぞれ次に定める年数（その年数が二年に満たないときは、これを二年とする。）

　イ　法定耐用年数（第一条第一項（一般の減価償却資産の耐用年数）に規定する耐用年数をいう。以下この号において同じ。）の全部を経過した資産　当該資産の法定耐用年数の百分の二十に相当する年数

　ロ　法定耐用年数の一部を経過した資産　当該資産の法定耐用年数から経過年数を控除した年数に、経過年数の百分の二十に相当する年数を加算した年数

2　法人が、法人税法第二条第十二号の八、第十二号の十一、第十二号の十四又は第十二号の十五に規定する適格合併、適格分割、適格現物出資又は適格現物分配（次項において「適格組織再編成」という。）により同条第十一号、第十二号の二、第十二号の四又は第十二号の五の二に規定する被合併法人、分割法人、現物出資法人又は現物分配法人（以下この項及び次項において「被合併法人等」という。）から前項本文に規定する資産の移転を受けた場合（当該法人が当該資産について同項の規定の適用を受ける場合を除く。）において、当該被合併法人等が当該資産につき同項又は第四項の規定の適用を受けていたときは、当該法人の当該資産の耐用年数については、前二条の規定にかかわらず、当該被合併法人等において当該資産の耐用年数とされていた年

数によることができる。

3〜4　省略

5　第一項各号に掲げる年数及び前項の年数は、暦に従つて計算し、一年に満たない端数を生じたときは、これを切り捨てる。


## 15　耐用年数の適用等に関する取扱通達

**（「構築物」又は「器具及び備品」で特掲されていないものの耐用年数）**

**1－1－9**　「構築物」又は「器具及び備品」（以下1－1－9において「構築物等」という。）で細目が特掲されていないもののうちに、当該構築物等と「構造又は用途」及び使用状況が類似している別表第一に特掲されている構築物等がある場合には、別に定めるものを除き、税務署長（調査課所管法人にあつては、国税局長）の確認を受けて、当該特掲されている構築物等の耐用年数を適用することができる。


## 16　資産再評価の基準の特例に関する省令

**（取得価額の不明な資産）**

**第二条**　法第三十三条に規定する取得価額の不明な資産については、左の各号に掲げる金額のうち当該資産の取得価額に最も近いと認められる金額をその取得価額とみなすことができる。但し、前条第一号の規定により最も古い記録がある時期をその取得の時期とみなした資産についてその価額が当該記録に記載されている場合においては、第一号に掲げる金額をその取得価額とみなさなければならない。

一　当該資産について最も古い記録に記載された価額

二　当該資産を有する者又は当該資産がその用に供されている事業と同一種類の事業を営む他の者が当該資産の取得の時期と同一の時期に取得した当該資産に類似する他の資産の取得価額

三　当該資産の取得の時期における当該資産又はこれに類似する他の資産の価格

四　当該資産を有する者又は当該資産がその用に供されている事業と同一種

類の事業を営む他の者が当該資産の取得の時期の前又は後三年以内に取得
した当該資産に類似する他の資産でその取得価額の明らかであるものの取
得価額に左の算式により計算した数を乗じて算出した金額

当該資産に類似する他の資産の取得の時期に応ずる法別表第三の倍数÷
当該資産の取得の時期に応ずる法別表第三の倍数

五　当該資産の構造又は型式によつて推定される取得価額

六　当該資産の取得の時期から昭和二十七年十二月三十一日までの償却額の
　累計額がその期間における償却範囲額（法人税法（昭和二十二年法律第二
　十八号）又は所得税法（昭和二十二年法律第二十七号）の規定による所得
　の計算上損金又は必要な経費に算入される当該資産についての償却額の限
　度額をいう。以下同じ。）の累計額に等しいか又はこれをこえる場合にお
　いては、左の算式により計算した金額（左の算式において「償却率」及び
　「n」とは、法別表第一に規定する「償却率」及び「n」をいう。）

　イ　当該償却額の累計額が当該償却範囲額の累計額に等しいときは、
　　　当該資産の昭和 28 年 1 月 1 日の直前における帳簿価額÷｛（ 1 −償却
　　率）n ｝

　ロ　当該償却額の累計額が当該償却範囲額の累計額をこえるときは、
　　　（当該資産の昭和 28 年 1 月 1 日の直前における帳簿価額＋当該超過
　　金額）÷｛（ 1 −償却率）n ｝

**（取得の時期及び取得価額の不明な資産）**

**第三条**　法第三十三条に規定する取得の時期及び取得価額のいずれもが不明な
　資産については、第一条の規定によりその取得の時期を定めた後前条の規定
　によりその取得価額を定めなければならない。

## 17　消費税法等の施行に伴う法人税の取扱いについて

　（平成元年 3 月 1 日直法 2 − 1 、最終改正　令和 3 年 2 月 9 日）

**（税抜経理方式と税込経理方式の選択適用）**

2　法人（消法第 9 条第 1 項本文《小規模事業者に係る納税義務の免除》の規
　定により消費税を納める義務が免除されるものを除く。以下 3 の 2 までにお

いて同じ。）が行う取引に係る消費税等の経理処理につき、当該法人の行う
全ての取引について税抜経理方式又は税込経理方式のいずれかの方式に統一
していない場合には、その行う全ての取引についていずれかの方式を適用し
て法人税の課税所得金額を計算するものとする。ただし、法人が売上げ等の
収益に係る取引につき税抜経理方式で経理をしている場合において、固定資
産、繰延資産及び棚卸資産（以下「固定資産等」という。）の取得に係る取
引又は販売費及び一般管理費等（以下「経費等」という。）の支出に係る取
引のいずれかの取引について税込経理方式で経理をしたときは、当該取引に
ついては税込経理方式を、当該取引以外の取引にあっては税抜経理方式を適
用して法人税の課税所得金額を計算する。

(注)　ただし書の適用に当たっては、固定資産等のうち棚卸資産の取得に係る
　　取引について、固定資産及び繰延資産と異なる方式を適用した場合には、
　　継続して適用した場合に限りその適用した方式によるほか、次に定めると
　　ころによる。

　　⑴　個々の固定資産等又は個々の経費等ごとに異なる方式を適用しない。
　　⑵　消費税と地方消費税について異なる方式を適用しない。

**（資産に係る控除対象外消費税額等の処理）**

**13**　令第139条の４第５項《資産に係る控除対象外消費税額等の損金算入》
に規定する資産に係る控除対象外消費税額等の合計額（以下「資産に係る控
除対象外消費税額等」という。）については、同条の規定の適用を受け、又
は受けないことを選択することができるが、同条の規定の適用を受ける場合
には、資産に係る控除対象外消費税額等の全額について同条の規定を適用す
ることになることに留意する。したがって、法人が資産に係る控除対象外消
費税額等の一部について損金経理をしなかった場合には、その損金経理をし
なかった資産に係る控除対象外消費税額等については、当該事業年度後の事
業年度において同条第４項の規定を適用するのであるから留意する。

(注)１　この取扱いの後段の適用を受ける場合において、法人が資産に係る控
　　　除対象外消費税額等の一部について資産の取得価額に算入したときは、
　　　その資産の取得価額に算入した資産に係る控除対象外消費税額等は、当
　　　該資産の取得価額から除いて法人税の課税所得金額を計算することに留

　意する。

　2　本文後段の取扱いは、当該事業年度が連結事業年度に該当する場合において おける当該連結事業年度後の事業年度にも適用する。

## 18　固定資産評価基準
### 第3章　償却資産
#### 第1節　償却資産
一　償却資産の評価の基本

　　償却資産の評価は、前年中に取得された償却資産にあつては当該償却資産の取得価額を、前年前に取得された償却資産にあつては当該償却資産の前年度の評価額を基準とし、当該償却資産の耐用年数に応ずる減価を考慮してその価額を求める方法によるものとする。

二　前年中に取得された償却資産の評価

　　前年中に取得された償却資産の評価は、当該償却資産の取得価額から当該償却資産の取得価額にｒ／2を乗じて得た額を控除してその価額を求める方法によるものとする。この場合においてｒは、当該償却資産の「耐用年数応ずる減価率表」（別表第15）に掲げる耐用年数に応ずる減価率とする。

三　前年前に取得された償却資産の評価

　　前年前に取得された償却資産（四の償却資産を除く。）の評価は、当該償却資産の前年度の評価額から当該償却資産の評価額に当該償却資産の「耐用年数に応ずる減価率表」に掲げる耐用年数に応ずる減価率を乗じて得た額を控除してその価額を求める方法によるものとする。ただし、法人税法施行令（昭和40年政令第97号）第57条第1項又は所得税法施行令（昭和40年政令第96号）第130条第1項の規定により、当該償却資産の使用可能期間のうちいまだ経過していない期間（以下「未経過使用可能期間」という。）を基礎として償却限度額を計算することについて、当該年度の賦課期日までに国税局長の承認を受け、未経過使用可能期間をもって耐用年数とみなすこととされた当該償却資産の評価は、前年度の評価額から未経過使用可能期間に応ずる減価率を乗じて得た額を控除してその価額を求める方法によるものとする。

四 前年前に取得された償却資産で新たに課税されることとなるものの評価

　　前年前に取得された償却資産で当該年度において新たに課税されることとなるものの評価は、二及び三に準じて行うものとする。ただし、当該償却資産が昭和25年12月31日以前に取得されたものであるときは、当該償却資産の取得価額に「物価の変動に応ずる補正倍率表」（別表第16）に掲げる取得の時期に応ずる倍数を乗じて補正を行うものとする。

五 取得価額

　　償却資産の取得価額とは、償却資産を取得するためにその取得時において通常支出すべき金額（当該償却資産の引取運賃、荷役費、運送保険料、購入手数料、関税、据付費その他当該償却資産をその用途に供するために直接要した費用の額（以下「付帯費の額」という）を含む。）をいうものとし、原則として、他から購入した償却資産にあつてはその購入の代価に、自己の建設、製作、製造等に係る償却資産にあつてはその建設、製作、製造等のための原材料費、労務費及び経費の額に当該償却資産の付帯費の額を含めた金額によるものとする。ただし、当該金額が当該償却資産を取得するためにその取得時において通常支出すべき金額と認められる額と明らかに、かつ、著しく相違すると認められる場合にあつては、その取得時において通常支出すべき金額によるものとする。

六 取得価額の算定

　　償却資産の取得価額は、本章に特別の定めがある場合を除くほか、法人税法（昭和40年法律第34号）及びこれに基づく命令又は所得税法（昭和40年法律第33号）及びこれに基づく命令による所得の計算上当該償却資産の減価償却費の計算の基礎となる取得価額の算定の方法の例によつて算定するものとする。ただし、法人税法第42条から第50条まで及び第142条の規定により法人の各事業年度の所得の計算上損金に算入される額並びに所得税法第42条から第44条まで及び第165条の規定により個人の各年の所得の計算上総収入金額に算入しない額は、当該償却資産の取得価額に含めて算定するものとし、同法第58条に規定する取得資産の取得価額は、当該取得資産の取得時における価額によつて算定するものとする。

七 取得価額が明らかでない償却資産の取得価額

　　取得価額が明らかでない償却資産の取得価額は、当該償却資産の再取得価

額（再取得価額が明らかでないときは、資産再評価の基準の特例に関する省令（昭和25年大蔵省令第54号）第2条又は第3条の規定の例によつて推定して求めた当該償却資産の取得の時期における正常な価額）によるものとする。この場合において、再取得価額とは、当該年度の賦課期日に一般市場において当該償却資産を新品として取得するために通常支出すべき金額（付帯費の額を含み、当該償却資産が承継して取得されたもので新品以外のものであるときは、当該金額から当該償却資産の取得の日までの経過年数に応じ二から四までに準じて当該償却資産の耐用年数に応ずる減価を行つた後の額）をいうものとする。

八　耐用年数

　償却資産の耐用年数は、減価償却資産の耐用年数等に関する省令（昭和40年大蔵省令第15号）別表第1、別表第2、別表第5及び別表第6に掲げる耐用年数によるものとする。ただし、耐用年数の全部又は一部を経過した償却資産で減価償却資産の耐用年数等に関する省令第3条第1項及び第2項の規定による耐用年数によるものにあつては当該耐用年数によるものとする。

九　控除額の加算

　法人税法施行令第60条又は所得税法施行令第133条の規定の適用を受ける償却資産については、二又は三によつて当該償却資産の取得価額又は前年度の評価額から控除する額は、二又は三にかかわらず、次の1に掲げる額に、2に掲げる額を加算した額とする。

　1　二又は三によつて当該償却資産の取得価額又は前年度の評価額から控除する額

　2　1に掲げる額のうち、法人税法施行令第60条又は所得税法施行令第133条の規定の適用を受けた期間に係る額（前年中に取得された償却資産で、当該適用を受けた期間が6月を超える場合は6月として計算した額）に法人税法施行規則（昭和40年大蔵省令第12号）第20条又は所得税法施行規則（昭和40年大蔵省令第11号）第34条に定めるところにより計算した増加償却割合を乗じて計算した額

十　評価額の最低限度

　償却資産の評価額は、当該償却資産の評価額が当該償却資産の取得価額（物

価変動に伴う取得価額の補正を行つた場合においては、当該補正後の額とする。）又は改良費の価額の百分の五に相当する額を下ることとなる場合においては、当該百分の五に相当する額とする。

十一　評価額の補正

　　償却資産について当該償却資産が災害その他の事故により著しく損傷したことその他これに類する特別の事由があり、かつ、その価額が著しく低下した場合においては、当該償却資産の評価額は、当該償却資産の価額の低下の程度に応じ、二又は三によつて求めた当該償却資産の価額を減額して求めるものとする。

十二　物価の変動に伴う取得価額の補正

　　償却資産の取得の時期と当該年度の賦課期日との間において償却資産の取得価額について著しい変動があると認められる場合においては、当該償却資産の当該年度の前年度の評価額は、当該評価額の基礎となつている取得価額を卸売物価指数等を基準として総務大臣が定める補正率によつて補正した額を基準とし、当該償却資産の耐用年数に応ずる減価を行つて求めた額によるものとする。

十三　改良費

　　償却資産の改良のため支出した金額（以下「改良費の価額」という。）がある場合において、当該改良を加えられたことにより増価した部分の評価は、当該改良を加えられた償却資産の取得価額又は前年度の評価額と区分して、当該改良費の価額を基準とし、当該改良を加えられた償却資産の「耐用年数に応ずる減価率表」に掲げる耐用年数に応ずる減価率により本節の定めの例によつて行うものとする。この場合において、改良費の価額は、その有する償却資産について支出した金額で次に該当するもの（次のいずれにも該当する場合には、いずれか多い金額）とする。

1　当該支出した金額のうち、その支出により、当該償却資産の取得時においてこれにつき通常の管理又は修理をするものとした場合に予測される当該償却資産の使用可能期間を延長させる部分に対応する金額

2　当該支出した金額のうち、その支出により、当該償却資産の取得時においてこれにつき通常の管理又は修理をするものとした場合に予測されるその支出を行つた時における当該償却資産の価額を増加させる部分に対応す

る金額

### 第2節　取替資産の評価の特例

一　取替資産の評価

　　法人税法施行令第49条第1項又は所得税法施行令第121条第1項の規定により税務署長の承認を受けた取替資産の評価は、当該取替資産の取得価額を基準とし第1節の定めによつて当該取替資産の耐用年数に応ずる減価を考慮して求めた価額（以下「取替資産の価額」という。）が当該取替資産の取得価額の百分の五十に相当する額に達するまでは当該取替資産の価額により、当該取替資産の価額が当該取替資産の取得価額の百分の五十に相当する額を下ることとなるときは、当該取替資産の取得価額の百分の五十に相当する額によつてその価額を求める方法によるものとする。この場合において、取替資産の評価に当たつては、当該取替資産の取得価額を法人税法施行規則第10条又は所得税法施行規則第24条の2に掲げる資産の種類ごと（その種類が同一のものであつてもその規模の拡張のために取り替えたものは区分する。）に区分するものであるが、その区分の具体的な取扱いについては、法人税法及びこれに基づく命令又は所得税法及びこれに基づく命令の例によるものとする。

二　取替資産の取得価額の算定

　　取替資産の一部が使用に耐えなくなつたため種類及び品質を同じくするこれに代る新たな資産と取替えた場合における取替資産の取得価額は、その取替えにより除却した資産の取得価額を含め、その取替えにより新たに取得した資産の取得価額を含めないで算定するものとする。ただし、その種類が同一のものであつてもその規模の拡張のために取り替えた場合にあつては、その取替えに要した金額を新たな取替資産の取得価額とし、その取替えにより除却した資産の取得価額を従来からの取替資産の取得価額から控除するものとする。

### 第3節　鉱業用坑道の評価の特例

一　鉱業用坑道の評価

　　鉱業用坑道の評価は、坑外坑道（坑外から掘さくされる坑道をいう。以下

同じ。）及び坑内坑道（坑内において掘さくされる坑道をいう。以下同じ。）
に区分し、本節に定める評価の方法によるほか、第1節（一から四まで及
び八から十までを除く。）に定めるところに準じて行うものとする。この場
合において、第1節七中「二から四までに準じて当該償却資産の耐用年数
に応ずる減価」とあるのは「第3節二から五までに準じて採掘された鉱量
に応ずる減価」と、同節十一中「二又は三」とあるのは「第3節二から五」と、
同節十二中「耐用年数に応ずる減価」とあるのは「採掘された鉱量に応ずる
減価」と、同節十三中「当該改良を加えられた償却資産の「耐用年数に応ず
る減価率表」に掲げる耐用年数に応ずる減価率により本節の定めの例」とあ
るのは「第3節の定めの例」と読み替えるものとする。

二　前年中に取得された坑外坑道の評価

　　前年中に取得された坑外坑道の評価は、当該坑外坑道の取得額から当該
坑外坑道の取得価額にB／Aの割合を乗じて得た額を控除してその価額を求
める方法によるものとする。この場合において、Aは、当該坑外坑道を取得
した日以後において当該坑外坑道を利用して採掘される鉱量とし、Bは、当
該坑外坑道を取得した日から前年の末日までにおいて当該坑外坑道を利用し
て採掘された鉱量とする。

三　前年前に取得された坑外坑道の評価

　　前年前に取得された坑外坑道の評価は、当該坑外坑道の前年度の評価額か
ら当該坑外坑道の評価額にB／Aの割合を乗じて得た額を控除してその価額
を求める方法によるものとする。この場合において、Aは、固定資産税の賦
課期日の属する年の前年の1月1日以後において当該坑外坑道を利用して
採掘される鉱量とし、Bは、固定資産税の賦課期日の属する年の前年中にお
いて当該坑外坑道を利用して採掘された鉱量とする。

四　前年中に取得された坑内坑道の評価

　　前年中に取得された坑内坑道の評価は、当該坑内坑道の取得額から当該
坑内坑道の取得価額にB／Aの割合を乗じて得た額を控除してその価額を求
める方法によるものとする。この場合において、Aは、当該坑内坑道を取得
した日以後において当該坑内坑道の属する鉱区において採掘される鉱量と
し、Bは、当該坑内坑道を取得した日から前年の末日までにおいて当該坑内
坑道の属する鉱区において採掘された鉱量とする。

五　前年前に取得された坑内坑道の評価

　　前年前に取得された坑内坑道の評価は、当該坑内坑道の前年度の評価額から当該坑内坑道の評価額にＢ／Ａの割合を乗じて得た額を控除してその価額を求める方法によるものとする。この場合において、Ａは、固定資産税の賦課期日の属する年の前年の１月１日以後において当該坑内坑道の属する鉱区において採掘される鉱量とし、Ｂは、固定資産税の賦課期日の属する年の前年中において当該坑内坑道の属する鉱区において採掘された鉱量とする。

五の二　旧定額法、旧定率法、定額法又は定率法によつて償却額の計算を行つている鉱業用坑道の評価の特例

　　鉱業用坑道のうち法人税法施行令第48条第１項第３号若しくは第48条の２第１項第３号又は所得税法施行令第120条第１項第３号若しくは第120条の２第１項第３号の規定により旧定額法、旧定率法、定額法又は定率法によつて償却額の計算を行つているものの評価は、一から五までの定めにかかわらず、坑外坑道及び坑内坑道に区分し、第１節（八及び十を除く。）に定めるところによつて行うものとする。この場合において、当該鉱業用坑道の耐用年数は、減価償却資産の耐用年数等に関する省令第１条第２項第４号の規定によつて税務署長が認定した年数によるものとする。

六　坑内坑道の取得価額の算定

　　四及び五の二の場合における坑内坑道の取得価額は、第１節六の定めにかかわらず、当該坑内坑道の区分に応じ、それぞれ、次に掲げる金額とする。

　１　新たに施業案（鉱業法（昭和25年法律第289号）第63条の規定に基づく採掘権に関する施業案をいう。以下同じ。）の認可を受けて坑口を設け、当該認可を受けた後坑内坑道の属する鉱区における鉱物の一年間の採掘量（以下「一年間の採掘量」という。）が施業案に定められた一年間の予定採掘量（以下「予定採掘量」という。）に達するに至つた年又は事業年度の末までに掘さくされた坑内坑道（以下「採掘量が予定採掘量に達するまでに掘さくされた坑内坑道」という。）については、その掘さくのために支出した金額

　２　既設の坑口を利用して別の炭層の採掘又は施業区域の拡大のため追加施業案又は合併施業案の認可を受け、新たに採掘場所の設置又は本卸坑道の拡大等の坑内坑道の増強を行い、その坑口を利用して採掘される鉱量が増

加することとなる新たに掘さくされた坑内坑道（以下「新区域の施業のために掘さくされた坑内坑道」という。）については、その掘さくのために支出した金額

3　採掘量が予定採掘量に達するまでに掘さくされた坑内坑道又は新区域の施業のために掘さくされた坑内坑道以外の坑内坑道で一年間の採掘量が予定採掘量（施業案を変更しないで予定採掘量を超える増産を行つた場合には、その増産量を加算した数量とする。以下「基準採掘量」という。）を超える増産があつた場合におけるその増産のために掘さくされた坑内坑道については、次に掲げる金額

（1）　その増産が採掘量を増加するための新たな採掘場所の設置、本卸坑道の拡大による坑内坑道の増強等計画的に行われたものと認められるときは、その計画に従つて掘さくされた坑内坑道（以下「計画増産坑道」という。）の掘さくのために支出した金額に次の算式によつて算定した係数を乗じて得た金額

$$〔算式〕＝\frac{当該鉱区における増産量－\genfrac{}{}{0pt}{}{計画増産坑道以外の}{坑内坑道からの増産量}}{計画増産坑道からの産出量}$$

　　　上記の算式において、増産量及び産出量は、個人にあつては当該年度の賦課期日を含む年の前年におけるものとし、法人にあつては当該坑内坑道を取得した事業年度におけるものとする。

　　　また、計画増産坑道が正常操業でない場合は、正常操業の場合に予定される産出量によるものとする。

（2）　その増産が（1）の計画増産坑道の掘さくによる場合以外の増産で、坑内施設の増設、採鉱若しくは掘進又は運搬の機械化、労働力の増強等鉱物の採掘量を増加させるための施策の結果によるものであるときは、当該坑内坑道の掘さくのために支出した金額に次の算式によつて算定した係数を乗じて得た金額

$$〔算式〕＝\frac{当該鉱区における産出量－計画増産坑道からの産出量－基準採掘量}{当該鉱区における産出量－計画増産坑道からの産出量}$$

　　　上記の算式において、産出量及び基準採掘量は、個人にあつては当該

年度の賦課期日を含む年の前年におけるものとし、法人にあつては当該
坑内坑道を取得した事業年度におけるものとする。

　　また、その年の前年又はその事業年度の前事業年度までに取得された
計画増産坑道が正常操業に入つたために増産となることが明らかである
場合には、その増産量を「当該鉱区における産出量」から除くものとする。

第4節　経過措置

一　耐用年数が短縮された償却資産の評価に関する経過措置

1　平成23年4月1日前に開始した事業年度に法人が受けた法人税法施行
令の一部を改正する政令（平成23年政令第196号）による改正前の法人
税法施行令（以下「旧法人税法施行令」という。）第57条第1項に規定
する国税局長の承認（同年4月1日以後に開始する事業年度において同
年6月30日前に受けるものを含む。）に係る償却資産の評価については、
当該償却資産の前年度の評価額から旧法人税法施行令第57条第1項に規
定する使用可能期間に応ずる減価率を乗じて得た額を控除してその価額を
求める方法によるものとする。

2　平成23年以前の各年分の減価償却資産の償却費の計算について個人が
受けた所得税法施行令等の一部を改正する政令（平成23年政令第195号）
による改正前の所得税法施行令（以下「旧所得税法施行令」という。）第
130条第1項に規定する国税局長の承認に係る償却資産の評価について
は、当該償却資産の前年度の評価額から旧所得税法施行令第130条第1
項に規定する使用可能期間に応ずる減価率を乗じて得た額を控除してその
価額を求める方法によるものとする。

二　法人に係る陳腐化償却が承認された償却資産の評価に関する経過措置

　　償却資産の償却費の計算について平成23年3月31日以前に開始した事
業年度において、旧法人税法施行令第60条の2第1項又は第6項の規定に
より国税局長の承認（同年4月1日以後に開始する事業年度において同年6
月30日前に受けるものを含む。）を受け又は受けたものとみなされる法人
の償却資産の第1節三又は九により当該償却資産の前年度の評価額から控除
する額は、第1節三又は九にかかわらず、次の1に掲げる額に、2に掲げる
額を加算した額とする。

1　当該償却資産に係る前年度の評価額についてその取得の時から当該承認

に係る使用可能期間を基礎として評価を行つたものとした場合に計算される額（以下２において「法人に係る前年度の修正評価額」という。）を当該償却資産に係る前年度の評価額とした場合に、第１章三又は九によつて当該前年度の評価額から控除する額

２　当該償却資産の前年度の評価額から当該償却資産の法人に係る前年度の修正評価額を控除して得た額

三　個人に係る陳腐化償却が承認された償却資産の評価に関する経過措置

　償却資産の償却費の計算について平成23年以前の各年分において、旧所得税法施行令第133条の２第１項又は第６項の規定により国税局長の承認を受け又は受けたものとみなされる個人の償却資産の第１節三又は九により当該償却資産の前年度の評価額から控除する額は、第１節三又は九にかかわらず、次の１に掲げる額に、２に掲げる額を加算した額とする。

１　当該償却資産に係る前年度の評価額についてその取得の時から当該承認に係る使用可能期間を基礎として評価を行つたものとした場合に計算される額（以下２において「個人に係る前年度の修正評価額」という。）を当該償却資産に係る前年度の評価額とした場合に、第１章三又は九によつて当該前年度の評価額から控除する額

２　当該償却資産の前年度の評価額から当該償却資産の個人に係る前年度の修正評価額を控除して得た額

別表第 15　耐用年数に応ずる減価率表

| 耐用年数 | 減価率 | 耐用年数 | 減価率 | 耐用年数 | 減価率 |
|---:|---:|---:|---:|---:|---:|
| 2 | 0.6840 | 35 | 0.0640 | 68 | 0.0330 |
| 3 | 0.5360 | 36 | 0.0620 | 69 | 0.0330 |
| 4 | 0.4380 | 37 | 0.0600 | 70 | 0.0320 |
| 5 | 0.3690 | 38 | 0.0590 | 71 | 0.0320 |
| 6 | 0.3190 | 39 | 0.0570 | 72 | 0.0320 |
| 7 | 0.2800 | 40 | 0.0560 | 73 | 0.0310 |
| 8 | 0.2500 | 41 | 0.0550 | 74 | 0.0310 |
| 9 | 0.2260 | 42 | 0.0530 | 75 | 0.0300 |
| 10 | 0.2060 | 43 | 0.0520 | 76 | 0.0300 |
| 11 | 0.1890 | 44 | 0.0510 | 77 | 0.0300 |
| 12 | 0.1750 | 45 | 0.0500 | 78 | 0.0290 |
| 13 | 0.1620 | 46 | 0.0490 | 79 | 0.0290 |
| 14 | 0.1520 | 47 | 0.0480 | 80 | 0.0280 |
| 15 | 0.1420 | 48 | 0.0470 | 81 | 0.0280 |
| 16 | 0.1340 | 49 | 0.0460 | 82 | 0.0280 |
| 17 | 0.1270 | 50 | 0.0450 | 83 | 0.0270 |
| 18 | 0.1200 | 51 | 0.0440 | 84 | 0.0270 |
| 19 | 0.1140 | 52 | 0.0430 | 85 | 0.0260 |
| 20 | 0.1090 | 53 | 0.0430 | 86 | 0.0260 |
| 21 | 0.1040 | 54 | 0.0420 | 87 | 0.0260 |
| 22 | 0.0990 | 55 | 0.0410 | 88 | 0.0260 |
| 23 | 0.0950 | 56 | 0.0400 | 89 | 0.0260 |
| 24 | 0.0920 | 57 | 0.0400 | 90 | 0.0250 |
| 25 | 0.0880 | 58 | 0.0390 | 91 | 0.0250 |
| 26 | 0.0850 | 59 | 0.0380 | 92 | 0.0250 |
| 27 | 0.0820 | 60 | 0.0380 | 93 | 0.0250 |
| 28 | 0.0790 | 61 | 0.0370 | 94 | 0.0240 |
| 29 | 0.0760 | 62 | 0.0360 | 95 | 0.0240 |
| 30 | 0.0740 | 63 | 0.0360 | 96 | 0.0240 |
| 31 | 0.0720 | 64 | 0.0350 | 97 | 0.0230 |
| 32 | 0.0690 | 65 | 0.0350 | 98 | 0.0230 |
| 33 | 0.0670 | 66 | 0.0340 | 99 | 0.0230 |
| 34 | 0.0660 | 67 | 0.0340 | 100 | 0.0230 |

別表第 16　物価の変動に応ずる補正倍数表

| 取得時期 | 倍　率 | 取得時期 | 倍　率 | 取得時期 | 倍　率 |
|---|---|---|---|---|---|
| 明治 33 年 | 726.0 | 大正 6 年 | 373.3 | 昭和 9 年 | 366.0 |
| 34 | 757.0 | 7 | 284.9 | 10 | 357.1 |
| 35 | 749.0 | 8 | 232.6 | 11 | 342.7 |
| 36 | 704.4 | 9 | 211.5 | 12 | 282.2 |
| 37 | 669.9 | 10 | 273.9 | 13 | 267.5 |
| 38 | 623.9 | 11 | 280.2 | 14 | 242.1 |
| 39 | 605.8 | 12 | 275.4 | 15 | 216.3 |
| 40 | 561.7 | 13 | 265.7 | 16 | 201.9 |
| 41 | 583.0 | 14 | 272.0 | 17 | 185.6 |
| 42 | 611.0 | 15 | 306.8 | 18 | 173.5 |
| 43 | 603.8 | 昭和 2 年 | 323.0 | 19 | 153.1 |
| 44 | 582.0 | 3 | 321.0 | 20 | 101.3 |
| 45 | 549.6 | 4 | 330.0 | 21 | 21.8 |
| 大正 2 年 | 548.7 | 5 | 401.1 | 22 | 7.3 |
| 3 | 574.5 | 6 | 474.6 | 23 | 2.7 |
| 4 | 568.0 | 7 | 427.7 | 24 | 1.7 |
| 5 | 469.6 | 8 | 373.3 | 25 | 1.4 |

〈付録〉
# 減価償却資産の耐用年数等に関する省令「別表」

○減価償却資産の耐用年数等に関する省令

最終改正　R4.4.1　財務省令第26

別表第一　機械及び装置以外の有形減価償却資産の耐用年数表

| 種類 | 構造又は用途 | 細目 | 耐用年数(年) |
|---|---|---|---|
| 建物 | 鉄骨鉄筋コンクリート造又は鉄筋コンクリート造のもの | 事務所用又は美術館用のもの及び左記以外のもの | 50 |
| | | 住宅用、寄宿舎用、宿泊所用、学校用又は体育館用のもの | 47 |
| | | 飲食店用、貸席用、劇場用、演奏場用、映画館用又は舞踏場用のもの | |
| | | 　飲食店用又は貸席用のもので、延べ面積のうちに占める木造内装部分の面積が三割を超えるもの | 34 |
| | | 　その他のもの | 41 |
| | | 旅館用又はホテル用のもの | |
| | | 　延べ面積のうちに占める木造内装部分の面積が三割を超えるもの | 31 |
| | | 　その他のもの | 39 |
| | | 店舗用のもの | 39 |
| | | 病院用のもの | 39 |
| | | 変電所用、発電所用、送受信所用、停車場用、車庫用、格納庫用、荷扱所用、映画製作ステージ用、屋内スケート場用、魚市場用又はと畜場用のもの | 38 |
| | | 公衆浴場用のもの | 31 |
| | | 工場（作業場を含む。）用又は倉庫用のもの | |
| | | 　塩素、塩酸、硫酸、硝酸その他の著しい腐食性を有する液体又は気体の影響を直接全面的に受けるもの、冷蔵倉庫用のもの（倉庫事業の倉庫用のものを除く。）及び放射性同位元素の放射線を直接受けるもの | 24 |
| | | 　塩、チリ硝石その他の著しい潮解性を有する固体を常時蔵置するためのもの及び著しい蒸気の影響を直接全面的に受けるもの | 31 |
| | | 　その他のもの | |
| | | 　　倉庫事業の倉庫用のもの | |
| | | 　　　冷蔵倉庫用のもの | 21 |
| | | 　　　その他のもの | 31 |
| | | 　　その他のもの | 38 |
| | れんが造、石造又はブロック造のもの | 事務所用又は美術館用のもの及び左記以外のもの | 41 |

| | | | |
|---|---|---|---|
| | | 店舗用、住宅用、寄宿舎用、宿泊所用、学校用又は体育館用のもの | 38 |
| | | 飲食店用、貸席用、劇場用、演奏場用、映画館用又は舞踏場用のもの | 38 |
| | | 旅館用、ホテル用又は病院用のもの | 36 |
| | | 変電所用、発電所用、送受信所用、停車場用、車庫用、格納庫用、荷扱所用、映画製作ステージ用、屋内スケート場用、魚市場用又はと畜場用のもの | 34 |
| | | 公衆浴場用のもの | 30 |
| | | 工場（作業場を含む。）用又は倉庫用のもの | |
| | | 　塩素、塩酸、硫酸、硝酸その他の著しい腐食性を有する液体又は気体の影響を直接全面的に受けるもの及び冷蔵倉庫用のもの（倉庫事業の倉庫用のものを除く。） | 22 |
| | | 　塩、チリ硝石その他の著しい潮解性を有する固体を常時蔵置するためのもの及び著しい蒸気の影響を直接全面的に受けるもの | 28 |
| | | 　その他のもの | |
| | | 　　倉庫事業の倉庫用のもの | |
| | | 　　　冷蔵倉庫用のもの | 20 |
| | | 　　　その他のもの | 30 |
| | | 　　その他のもの | 34 |
| 金属造のもの（骨格材の肉厚が四ミリメートルを超えるものに限る。） | 事務所用又は美術館用のもの及び左記以外のもの | | 38 |
| | 店舗用、住宅用、寄宿舎用、宿泊所用、学校用又は体育館用のもの | | 34 |
| | 飲食店用、貸席用、劇場用、演奏場用、映画館用又は舞踏場用のもの | | 31 |
| | 変電所用、発電所用、送受信所用、停車場用、車庫用、格納庫用、荷扱所用、映画製作ステージ用、屋内スケート場用、魚市場用又はと畜場用のもの | | 31 |
| | 旅館用、ホテル用又は病院用のもの | | 29 |
| | 公衆浴場用のもの | | 27 |
| | 工場（作業場を含む。）用又は倉庫用のもの | | |
| | 　塩素、塩酸、硫酸、硝酸その他の著しい腐食性を有する液体又は気体の影響を直接全面的に受けるもの、冷蔵倉庫用のもの（倉庫事業の倉庫用のものを除く。）及び放射性同位元素の放射線を直接受けるもの | | 20 |
| | 　塩、チリ硝石その他の著しい潮解性を有する固体を常時蔵置するためのもの及び著しい蒸気の影響を直接全面的に受けるもの | | 25 |
| | 　その他のもの | | |

| | | | | |
|---|---|---|---|---|
| | | | 倉庫事業の倉庫用のもの | |
| | | | 　冷蔵倉庫用のもの | 19 |
| | | | 　その他のもの | 26 |
| | | | その他のもの | 31 |
| | 金属造のもの（骨格材の肉厚が三ミリメートルを超え四ミリメートル以下のものに限る。） | 事務所用又は美術館用のもの及び左記以外のもの | | 30 |
| | | 店舗用、住宅用、寄宿舎用、宿泊所用、学校用又は体育館用のもの | | 27 |
| | | 飲食店用、貸席用、劇場用、演奏場用、映画館用又は舞踏場用のもの | | 25 |
| | | 変電所用、発電所用、送受信所用、停車場用、車庫用、格納庫用、荷扱所用、映画製作ステージ用、屋内スケート場用、魚市場用又はと畜場用のもの | | 25 |
| | | 旅館用、ホテル用又は病院用のもの | | 24 |
| | | 公衆浴場用のもの | | 19 |
| | | 工場（作業場を含む。）用又は倉庫用のもの | | |
| | | | 塩素、塩酸、硫酸、硝酸その他の著しい腐食性を有する液体又は気体の影響を直接全面的に受けるもの及び冷蔵倉庫用のもの | 15 |
| | | | 塩、チリ硝石その他の著しい潮解性を有する固体を常時蔵置するためのもの及び著しい蒸気の影響を直接全面的に受けるもの | 19 |
| | | | その他のもの | 24 |
| | 金属造のもの（骨格材の肉厚が三ミリメートル以下のものに限る。） | 事務所用又は美術館用のもの及び左記以外のもの | | 22 |
| | | 店舗用、住宅用、寄宿舎用、宿泊所用、学校用又は体育館用のもの | | 19 |
| | | 飲食店用、貸席用、劇場用、演奏場用、映画館用又は舞踏場用のもの | | 19 |
| | | 変電所用、発電所用、送受信所用、停車場用、車庫用、格納庫用、荷扱所用、映画製作ステージ用、屋内スケート場用、魚市場用又はと畜場用のもの | | 19 |
| | | 旅館用、ホテル用又は病院用のもの | | 17 |
| | | 公衆浴場用のもの | | 15 |
| | | 工場（作業場を含む。）用又は倉庫用のもの | | |
| | | | 塩素、塩酸、硫酸、硝酸その他の著しい腐食性を有する液体又は気体の影響を直接全面的に受けるもの及び冷蔵倉庫用のもの | 12 |
| | | | 塩、チリ硝石その他の著しい潮解性を有する固体を常時蔵置するためのもの及び著しい蒸気の影響を直接全面的に受けるもの | 14 |
| | | | その他のもの | 17 |
| | 木造又は合成樹脂造のもの | 事務所用又は美術館用のもの及び左記以外のもの | | 24 |

| | | | |
|---|---|---|---|
| | | 店舗用、住宅用、寄宿舎用、宿泊所用、学校用又は体育館用のもの | 22 |
| | | 飲食店用、貸席用、劇場用、演奏場用、映画館用又は舞踏場用のもの | 20 |
| | | 変電所用、発電所用、送受信所用、停車場用、車庫用、格納庫用、荷扱所用、映画製作ステージ用、屋内スケート場用、魚市場用又はと畜場用のもの | 17 |
| | | 旅館用、ホテル用又は病院用のもの | 17 |
| | | 公衆浴場用のもの | 12 |
| | | 工場（作業場を含む。）用又は倉庫用のもの | |
| | | 塩素、塩酸、硫酸、硝酸その他の著しい腐食性を有する液体又は気体の影響を直接全面的に受けるもの及び冷蔵倉庫用のもの | 9 |
| | | 塩、チリ硝石その他の著しい潮解性を有する固体を常時蔵置するためのもの及び著しい蒸気の影響を直接全面的に受けるもの | 11 |
| | | その他のもの | 15 |
| 木造モルタル造のもの | | 事務所用又は美術館用のもの及び左記以外のもの | 22 |
| | | 店舗用、住宅用、寄宿舎用、宿泊所用、学校用又は体育館用のもの | 20 |
| | | 飲食店用、貸席用、劇場用、演奏場用、映画館用又は舞踏場用のもの | 19 |
| | | 変電所用、発電所用、送受信所用、停車場用、車庫用、格納庫用、荷扱所用、映画製作ステージ用、屋内スケート場用、魚市場用又はと畜場用のもの | 15 |
| | | 旅館用、ホテル用又は病院用のもの | 15 |
| | | 公衆浴場用のもの | 11 |
| | | 工場（作業場を含む。）用又は倉庫用のもの | |
| | | 塩素、塩酸、硫酸、硝酸その他の著しい腐食性を有する液体又は気体の影響を直接全面的に受けるもの及び冷蔵倉庫用のもの | 7 |
| | | 塩、チリ硝石その他の著しい潮解性を有する固体を常時蔵置するためのもの及び著しい蒸気の影響を直接全面的に受けるもの | 10 |
| | | その他のもの | 14 |
| 簡易建物 | | 木製主要柱が十センチメートル角以下のもので、土居ぶき、杉皮ぶき、ルーフィングぶき又はトタンぶきのもの | 10 |
| | | 掘立造のもの及び仮設のもの | 7 |

| 建物附属設備 | 電気設備（照明設備を含む。） | 蓄電池電源設備 | 6 |
|---|---|---|---|
| | | その他のもの | 15 |
| | 給排水又は衛生設備及びガス設備 | | 15 |
| | 冷房、暖房、通風又はボイラー設備 | 冷暖房設備（冷凍機の出力が２２キロワット以下のもの） | 13 |
| | | その他のもの | 15 |
| | 昇降機設備 | エレベーター | 17 |
| | | エスカレーター | 15 |
| | 消火、排煙又は災害報知設備及び格納式避難設備 | | 8 |
| | エヤーカーテン又はドアー自動開閉設備 | | 12 |
| | アーケード又は日よけ設備 | 主として金属製のもの | 15 |
| | | その他のもの | 8 |
| | 店用簡易装備 | | 3 |
| | 可動間仕切り | 簡易なもの | 3 |
| | | その他のもの | 15 |
| | 前掲のもの以外のもの及び前掲の区分によらないもの | 主として金属製のもの | 18 |
| | | その他のもの | 10 |
| 構築物 | 鉄道業用又は軌道業用のもの | 軌条及びその附属品 | 20 |
| | | まくら木 | |
| | | 　木製のもの | 8 |
| | | 　コンクリート製のもの | 20 |
| | | 　金属製のもの | 20 |
| | | 分岐器 | 15 |
| | | 通信線、信号線及び電灯電力線 | 30 |
| | | 信号機 | 30 |
| | | 送配電線及びき電線 | 40 |
| | | 電車線及び第三軌条 | 20 |
| | | 帰線ボンド | 5 |
| | | 電線支持物（電柱及び腕木を除く。） | 30 |
| | | 木柱及び木塔（腕木を含む。） | |
| | | 　架空索道用のもの | 15 |
| | | 　その他のもの | 25 |
| | | 前掲以外のもの | |
| | | 　線路設備 | |
| | | 　　軌道設備 | |
| | | 　　　道床 | 60 |
| | | 　　　その他のもの | 16 |
| | | 　　土工設備 | 57 |

| | | 橋りよう | |
|---|---|---|---|
| | | 　鉄筋コンクリート造のもの | 50 |
| | | 　鉄骨造のもの | 40 |
| | | 　その他のもの | 15 |
| | | トンネル | |
| | | 　鉄筋コンクリート造のもの | 60 |
| | | 　れんが造のもの | 35 |
| | | 　その他のもの | 30 |
| | | その他のもの | 21 |
| | 停車場設備 | | 32 |
| | 電路設備 | | |
| | | 鉄柱、鉄塔、コンクリート柱及びコンクリート塔 | 45 |
| | | 踏切保安又は自動列車停止設備 | 12 |
| | | その他のもの | 19 |
| | その他のもの | | 40 |
| その他の鉄道用又は軌道用のもの | 軌条及びその附属品並びにまくら木 | | 15 |
| | 道床 | | 60 |
| | 土工設備 | | 50 |
| | 橋りよう | | |
| | | 鉄筋コンクリート造のもの | 50 |
| | | 鉄骨造のもの | 40 |
| | | その他のもの | 15 |
| | トンネル | | |
| | | 鉄筋コンクリート造のもの | 60 |
| | | れんが造のもの | 35 |
| | | その他のもの | 30 |
| | その他のもの | | 30 |
| 発電用又は送配電用のもの | 小水力発電用のもの（農山漁村電気導入促進法（昭和二十七年法律第三百五十八号）に基づき建設したものに限る。） | | 30 |
| | その他の水力発電用のもの（貯水池、調整池及び水路に限る。） | | 57 |
| | 汽力発電用のもの（岩壁、さん橋、堤防、防波堤、煙突、その他汽力発電用のものをいう。） | | 41 |
| | 送電用のもの | | |
| | | 地中電線路 | 25 |
| | | 塔、柱、がい子、送電線、地線及び添加電話線 | 36 |

| | | | |
|---|---|---|---|
| | | 配電用のもの | |
| | |   鉄塔及び鉄柱 | 50 |
| | |   鉄筋コンクリート柱 | 42 |
| | |   木柱 | 15 |
| | |   配電線 | 30 |
| | |   引込線 | 20 |
| | |   添架電話線 | 30 |
| | |   地中電線路 | 25 |
| | 電気通信事業用のもの | 通信ケーブル | |
| | |   光ファイバー製のもの | 10 |
| | |   その他のもの | 13 |
| | | 地中電線路 | 27 |
| | | その他の線路設備 | 21 |
| | 放送用又は無線通信用のもの | 鉄塔及び鉄柱 | |
| | |   円筒空中線式のもの | 30 |
| | |   その他のもの | 40 |
| | | 鉄筋コンクリート柱 | 42 |
| | | 木塔及び木柱 | 10 |
| | | アンテナ | 10 |
| | | 接地線及び放送用配線 | 10 |
| | 農林業用のもの | 主としてコンクリート造、レンガ造、石造又はブロック造のもの | |
| | |   果樹棚又はホップ棚 | 14 |
| | |   その他のもの | 17 |
| | | 主として金属造のもの | 14 |
| | | 主として木造のもの | 5 |
| | | 土管を主としたもの | 10 |
| | | その他のもの | 8 |
| | 広告用のもの | 金属造のもの | 20 |
| | | その他のもの | 10 |
| | 競技場用、運動場用、遊園地用又は学校用のもの | スタンド | |
| | |   主として鉄骨鉄筋コンクリート造又は鉄筋コンクリート造のもの | 45 |
| | |   主として鉄骨造のもの | 30 |
| | |   主として木造のもの | 10 |
| | | 競輪場用競走路 | |
| | |   コンクリート敷のもの | 15 |
| | |   その他のもの | 10 |
| | | ネット設備 | 15 |

| | | | |
|---|---|---|---|
| | 野球場、陸上競技場、ゴルフコースその他のスポーツ場の排水その他の土工施設 | | 30 |
| | 水泳プール | | 30 |
| | その他のもの | | |
| | | 児童用のもの | |
| | | すべり台、ぶらんこ、ジャングルジム、その他の遊戯用のもの | 10 |
| | | その他のもの | 15 |
| | | その他のもの | |
| | | 主として木造のもの | 15 |
| | | その他のもの | 30 |
| 緑化施設及び庭園 | 工場緑化施設 | | 7 |
| | その他の緑化施設及び庭園（工場緑化施設に含まれるものを除く。） | | 20 |
| 舗装道路及び舗装路面 | コンクリート敷、ブロック敷、れんが敷又は石敷のもの | | 15 |
| | アスファルト敷又は木れんが敷のもの | | 10 |
| | ビチューマルス敷のもの | | 3 |
| 鉄骨鉄筋コンクリート造又は鉄筋コンクリート造のもの（前掲のものを除く。） | 水道用ダム | | 80 |
| | トンネル | | 75 |
| | 橋 | | 60 |
| | 岸壁、さん橋、防壁（爆発物用のものを除く。）、堤防、防波堤、塔、やぐら、上水道、水そう及び用水用ダム | | 50 |
| | 乾ドック | | 45 |
| | サイロ | | 35 |
| | 下水道、煙突及び焼却炉 | | 35 |
| | 高架道路、製塩用ちんでん池、飼育場及びへい | | 30 |
| | 爆発物用防壁及び防油堤 | | 25 |
| | 造船台 | | 24 |
| | 放射性同位元素の放射線を直接受けるもの | | 15 |
| | その他のもの | | 60 |
| コンクリート造又はコンクリートブロック造のもの（前掲のものを除く。） | やぐら及び用水池 | | 40 |
| | サイロ | | 34 |
| | 岸壁、さん橋、防壁（爆発物用のものを除く。）、堤防、防波堤、トンネル、上水道及び水そう | | 30 |
| | 下水道、飼育場及びへい | | 15 |
| | 爆発物用防壁 | | 13 |
| | 引湯管 | | 10 |
| | 鉱業用廃石捨場 | | 5 |
| | その他のもの | | 40 |

| れんが造のもの（前掲のものを除く。） | 防壁（爆発物用のものを除く。）、堤防、防波堤及びトンネル | | 50 |
|---|---|---|---|
| | 煙突、煙道、焼却炉、へい及び爆発物用防壁 | | |
| | | 塩素、クロールスルホン酸その他の著しい腐食性を有する気体の影響を受けるもの | 7 |
| | | その他のもの | 25 |
| | その他のもの | | 40 |
| 石造のもの（前掲のものを除く。） | 岸壁、さん橋、防壁（爆発物用のものを除く。）、堤防、防波堤、上水道及び用水池 | | 50 |
| | 乾ドック | | 45 |
| | 下水道、へい及び爆発物用防壁 | | 35 |
| | その他のもの | | 50 |
| 土造のもの（前掲のものを除く。） | 防壁（爆発物用のものを除く。）、堤防、防波堤及び自動車道 | | 40 |
| | 上水道及び用水池 | | 30 |
| | 下水道 | | 15 |
| | へい | | 20 |
| | 爆発物用防壁及び防油堤 | | 17 |
| | その他のもの | | 40 |
| 金属造のもの（前掲のものを除く。） | 橋（はね上げ橋を除く。） | | 45 |
| | はね上げ橋及び鋼矢板岸壁 | | 25 |
| | サイロ | | 22 |
| | 送配管 | | |
| | | 鋳鉄製のもの | 30 |
| | | 鋼鉄製のもの | 15 |
| | ガス貯そう | | |
| | | 液化ガス用のもの | 10 |
| | | その他のもの | 20 |
| | 薬品貯そう | | |
| | | 塩酸、ふっ酸、発煙硫酸、濃硝酸その他の発煙性を有する無機酸用のもの | 8 |
| | | 有機酸用又は硫酸、硝酸その他前掲のもの以外の無機酸用のもの | 10 |
| | | アルカリ類用、塩水用、アルコール用その他のもの | 15 |
| | 水そう及び油そう | | |
| | | 鋳鉄製のもの | 25 |
| | | 鋼鉄製のもの | 15 |
| | 浮きドック | | 20 |
| | 飼育場 | | 15 |

| | | | |
|---|---|---|---|
| | | つり橋、煙突、焼却炉、打込み井戸、へい、街路灯及びガードレール | 10 |
| | | 露天式立体駐車設備 | 15 |
| | | その他のもの | 45 |
| | 合成樹脂造のもの（前掲のものを除く。） | | 10 |
| | 木造のもの（前掲のものを除く。） | 橋、塔、やぐら及びドック | 15 |
| | | 岸壁、さん橋、防壁、堤防、防波堤、トンネル、水そう、引湯管及びへい | 10 |
| | | 飼育場 | 7 |
| | | その他のもの | 15 |
| | 前掲のもの以外のもの及び前掲の区分によらないもの | 主として木造のもの | 15 |
| | | その他のもの | 50 |
| 船舶 | 船舶法（明治三十二年法律第四十六号）第四条から第十九条までの適用を受ける鋼船 | | |
| | 漁船 | 総トン数が五百トン以上のもの | 12 |
| | | 総トン数が五百トン未満のもの | 9 |
| | 油そう船 | 総トン数が二千トン以上のもの | 13 |
| | | 総トン数が二千トン未満のもの | 11 |
| | 薬品そう船 | | 10 |
| | その他のもの | 総トン数が二千トン以上のもの | 15 |
| | | 総トン数が二千トン未満のもの | |
| | | しゆんせつ船及び砂利採取船 | 10 |
| | | カーフェリー | 11 |
| | | その他のもの | 14 |
| | 船舶法第四条から第十九条までの適用を受ける木船 | | |
| | 漁船 | | 6 |
| | 薬品そう船 | | 8 |
| | その他のもの | | 10 |
| | 船舶法第四条から第十九条までの適用を受ける軽合金船（他の項に掲げるものを除く。） | | 9 |
| | 船舶法第四条から第十九条までの適用を受ける強化プラスチック船 | | 7 |
| | 船舶法第四条から第十九条までの適用を受ける水中翼船及びホバークラフト | | 8 |
| | その他のもの | | |
| | 鋼船 | しゆんせつ船及び砂利採取船 | 7 |
| | | 発電船及びとう載漁船 | 8 |
| | | ひき船 | 10 |
| | | その他のもの | 12 |

| | | | |
|---|---|---|---|
| | 木船 | とう載漁船 | 4 |
| | | しゆんせつ船及び砂利採取船 | 5 |
| | | 動力漁船及びひき船 | 6 |
| | | 薬品そう船 | 7 |
| | | その他のもの | 8 |
| | その他のもの | モーターボート及びとう載漁船 | 4 |
| | | その他のもの | 5 |
| 航空機 | 飛行機 | 主として金属製のもの | |
| | | 最大離陸重量が百三十トンを超えるもの | 10 |
| | | 最大離陸重量が百三十トン以下のもので、五・七トンを超えるもの | 8 |
| | | 最大離陸重量が五・七トン以下のもの | 5 |
| | | その他のもの | 5 |
| | その他のもの | ヘリコプター及びグライダー | 5 |
| | | その他のもの | 5 |
| 車両及び運搬具 | 鉄道用又は軌道用車両（架空索道用搬器を含む。） | 電気又は蒸気機関車 | 18 |
| | | 電車 | 13 |
| | | 内燃動車（制御車及び附随車を含む。） | 11 |
| | | 貨車 | |
| | | 高圧ボンベ車及び高圧タンク車 | 10 |
| | | 薬品タンク車及び冷凍車 | 12 |
| | | その他のタンク車及び特殊構造車 | 15 |
| | | その他のもの | 20 |
| | | 線路建設保守用工作車 | 10 |
| | | 鋼索鉄道用車両 | 15 |
| | | 架空索道用搬器 | |
| | | 閉鎖式のもの | 10 |
| | | その他のもの | 5 |
| | | 無軌条電車 | 8 |
| | | その他のもの | 20 |
| | 特殊自動車（この項には、別表第二に掲げる減価償却資産に含まれるブルドーザー、パワーショベルその他の自走式作業機械並びにトラクター及び農林業用運搬機具を含まない。） | 消防車、救急車、レントゲン車、散水車、放送宣伝車、移動無線車及びチップ製造車 | 5 |
| | | モータースィーパー及び除雪車 | 4 |
| | | タンク車、じんかい車、し尿車、寝台車、霊きゆう車、トラックミキサー、レッカーその他特殊車体を架装したもの | |
| | | 小型車（じんかい車及びし尿車にあつては積載量が二トン以下、その他のものにあつては総排気量が二リットル以下のものをいう。） | 3 |
| | | その他のもの | 4 |

| | | | | |
|---|---|---|---|---|
| | 運送事業用、貸自動車業用又は自動車教習所用の車両及び運搬具（前掲のものを除く。） | 自動車（二輪又は三輪自動車を含み、乗合自動車を除く。） | | |
| | | | 小型車（貨物自動車にあつては積載量が二トン以下、その他のものにあつては総排気量が二リットル以下のものをいう。） | 3 |
| | | その他のもの | | |
| | | | 大型乗用車（総排気量が三リットル以上のものをいう。） | 5 |
| | | | その他のもの | 4 |
| | | 乗合自動車 | | 5 |
| | | 自転車及びリヤカー | | 2 |
| | | 被けん引車その他のもの | | 4 |
| | 前掲のもの以外のもの | 自動車（二輪又は三輪自動車を除く。） | | |
| | | | 小型車（総排気量が〇・六六リットル以下のものをいう。） | 4 |
| | | | その他のもの | |
| | | | 　貨物自動車 | |
| | | | 　　ダンプ式のもの | 4 |
| | | | 　　その他のもの | 5 |
| | | | 　報道通信用のもの | 5 |
| | | | 　その他のもの | 6 |
| | | 二輪又は三輪自動車 | | 3 |
| | | 自転車 | | 2 |
| | | 鉱山用人車、炭車、鉱車及び台車 | | |
| | | | 金属製のもの | 7 |
| | | | その他のもの | 4 |
| | | フォークリフト | | 4 |
| | | トロッコ | | |
| | | | 金属製のもの | 5 |
| | | | その他のもの | 3 |
| | | その他のもの | | |
| | | | 自走能力を有するもの | 7 |
| | | | その他のもの | 4 |
| 工具 | 測定工具及び検査工具（電気又は電子を利用するものを含む。） | | | 5 |
| | 治具及び取付工具 | | | 3 |
| | ロール | 金属圧延用のもの | | 4 |
| | | なつ染ロール、粉砕ロール、混練ロールその他のもの | | 3 |
| | 型（型枠を含む。）、鍛圧工具及び打抜工具 | プレスその他の金属加工用金型、合成樹脂、ゴム又はガラス成型用金型及び鋳造用型 | | 2 |
| | | その他のもの | | 3 |

| | | | |
|---|---|---|---|
| | 切削工具 | | 2 |
| | 金属製柱及びカッペ | | 3 |
| | 活字及び活字に常用される金属 | 購入活字（活字の形状のまま反復使用するものに限る。） | 2 |
| | | 自製活字及び活字に常用される金属 | 8 |
| | 前掲のもの以外のもの | 白金ノズル | 13 |
| | | その他のもの | 3 |
| | 前掲の区分によらないもの | 白金ノズル | 13 |
| | | その他の主として金属製のもの | 8 |
| | | その他のもの | 4 |
| 器具及び備品 | 1 家具、電気機器、ガス機器及び家庭用品（他の項に掲げるものを除く。） | 事務机、事務いす及びキャビネット | |
| | | 　主として金属製のもの | 15 |
| | | 　その他のもの | 8 |
| | | 応接セット | |
| | | 　接客業用のもの | 5 |
| | | 　その他のもの | 8 |
| | | ベッド | 8 |
| | | 児童用机及びいす | 5 |
| | | 陳列だな及び陳列ケース | |
| | | 　冷凍機付又は冷蔵機付のもの | 6 |
| | | 　その他のもの | 8 |
| | | その他の家具 | |
| | | 　接客業用のもの | 5 |
| | | 　その他のもの | |
| | | 　　主として金属製のもの | 15 |
| | | 　　その他のもの | 8 |
| | | ラジオ、テレビジョン、テープレコーダーその他の音響機器 | 5 |
| | | 冷房用又は暖房用機器 | 6 |
| | | 電気冷蔵庫、電気洗濯機その他これらに類する電気又はガス機器 | 6 |
| | | 氷冷蔵庫及び冷蔵ストッカー（電気式のものを除く。） | 4 |
| | | カーテン、座ぶとん、寝具、丹前その他これらに類する繊維製品 | 3 |
| | | じゆうたんその他の床用敷物 | |
| | | 　小売業用、接客業用、放送用、レコード吹込用又は劇場用のもの | 3 |
| | | 　その他のもの | 6 |
| | | 室内装飾品 | |
| | | 　主として金属製のもの | 15 |
| | | 　その他のもの | 8 |

| | | 食事又はちゅう房用品 | |
|---|---|---|---|
| | | 　陶磁器製又はガラス製のもの | 2 |
| | | 　その他のもの | 5 |
| | | その他のもの | |
| | | 　主として金属製のもの | 15 |
| | | 　その他のもの | 8 |
| 2　事務機器及び通信機器 | | 謄写機器及びタイプライター | |
| | | 　孔版印刷又は印書業用のもの | 3 |
| | | 　その他のもの | 5 |
| | | 電子計算機 | |
| | | 　パーソナルコンピュータ（サーバー用のものを除く。） | 4 |
| | | 　その他のもの | 5 |
| | | 複写機、計算機（電子計算機を除く。）、金銭登録機、タイムレコーダーその他これらに類するもの | 5 |
| | | その他の事務機器 | 5 |
| | | テレタイプライター及びファクシミリ | 5 |
| | | インターホーン及び放送用設備 | 6 |
| | | 電話設備その他の通信機器 | |
| | | 　デジタル構内交換設備及びデジタルボタン電話設備 | 6 |
| | | 　その他のもの | 10 |
| 3　時計、試験機器及び測定機器 | | 時計 | 10 |
| | | 度量衡器 | 5 |
| | | 試験又は測定機器 | 5 |
| 4　光学機器及び写真製作機器 | | オペラグラス | 2 |
| | | カメラ、映画撮影機、映写機及び望遠鏡 | 5 |
| | | 引伸機、焼付機、乾燥機、顕微鏡その他の機器 | 8 |
| 5　看板及び広告器具 | | 看板、ネオンサイン及び気球 | 3 |
| | | マネキン人形及び模型 | 2 |
| | | その他のもの | |
| | | 　主として金属製のもの | 10 |
| | | 　その他のもの | 5 |
| 6　容器及び金庫 | | ボンベ | |
| | | 　溶接製のもの | 6 |
| | | 　鍛造製のもの | |
| | | 　　塩素用のもの | 8 |
| | | 　　その他のもの | 10 |
| | | ドラムかん、コンテナーその他の容器 | |
| | | 　大型コンテナー（長さが六メートル以上のものに限る。） | 7 |

| | | | |
|---|---|---|---|
| | | その他のもの | |
| | | 　金属製のもの | 3 |
| | | 　その他のもの | 2 |
| | | 金庫 | |
| | | 　手さげ金庫 | 5 |
| | | 　その他のもの | 20 |
| | 7　理容又は美容機器 | | 5 |
| | 8　医療機器 | 消毒殺菌用機器 | 4 |
| | | 手術機器 | 5 |
| | | 血液透析又は血しよう交換用機器 | 7 |
| | | ハバードタンクその他の作動部分を有する機能回復訓練機器 | 6 |
| | | 調剤機器 | 6 |
| | | 歯科診療用ユニット | 7 |
| | | 光学検査機器 | |
| | | 　ファイバースコープ | 6 |
| | | 　その他のもの | 8 |
| | | その他のもの | |
| | | 　レントゲンその他の電子装置を使用する機器 | |
| | | 　　移動式のもの、救急医療用のもの及び自動血液分析器 | 4 |
| | | 　　その他のもの | 6 |
| | | 　その他のもの | |
| | | 　　陶磁器製又はガラス製のもの | 3 |
| | | 　　主として金属製のもの | 10 |
| | | 　　その他のもの | 5 |
| | 9　娯楽又はスポーツ器具及び興行又は演劇用具 | たまつき用具 | 8 |
| | | パチンコ器、ビンゴ器その他これらに類する球戯用具及び射的用具 | 2 |
| | | ご、しようぎ、まあじやん、その他の遊戯具 | 5 |
| | | スポーツ具 | 3 |
| | | 劇場用観客いす | 3 |
| | | どんちよう及び幕 | 5 |
| | | 衣しよう、かつら、小道具及び大道具 | 2 |
| | | その他のもの | |
| | | 　主として金属製のもの | 10 |
| | | 　その他のもの | 5 |

| 10　生物 | 植物 | |
|---|---|---|
| | 　貸付業用のもの | 2 |
| | 　その他のもの | 15 |
| | 動物 | |
| | 　魚類 | 2 |
| | 　鳥類 | 4 |
| | 　その他のもの | 8 |
| 11　前掲のもの以外のもの | 映画フイルム（スライドを含む。）、磁気テープ及びレコード | 2 |
| | シート及びロープ | 2 |
| | きのこ栽培用ほだ木 | 3 |
| | 漁具 | 3 |
| | 葬儀用具 | 3 |
| | 楽器 | 5 |
| | 自動販売機（手動のものを含む。） | 5 |
| | 無人駐車管理装置 | 5 |
| | 焼却炉 | 5 |
| | その他のもの | |
| | 　主として金属製のもの | 10 |
| | 　その他のもの | 5 |
| 12　前掲する資産のうち、当該資産について定められている前掲の耐用年数によるもの以外のもの及び前掲の区分によらないもの | 主として金属製のもの | 15 |
| | その他のもの | 8 |

別表第二　機械及び装置の耐用年数表

| 番号 | 設備の種類 | 細目 | 耐用年数（年） |
|---|---|---|---|
| 1 | 食料品製造業用設備 | | 10 |
| 2 | 飲料、たばこ又は飼料製造業用設備 | | 10 |
| 3 | 繊維工業用設備 | 炭素繊維製造設備<br>　黒鉛化炉<br>　その他の設備<br>その他の設備 | <br>3<br>7<br>7 |
| 4 | 木材又は木製品（家具を除く。）製造業用設備 | | 8 |
| 5 | 家具又は装備品製造業用設備 | | 11 |
| 6 | パルプ、紙又は紙加工品製造業用設備 | | 12 |
| 7 | 印刷業又は印刷関連業用設備 | デジタル印刷システム設備<br>製本業用設備<br>新聞業用設備<br>　モノタイプ、写真又は通信設備<br>　その他の設備<br>その他の設備 | 4<br>7<br><br>3<br>10<br>10 |
| 8 | 化学工業用設備 | 臭素、よう素又は塩素、臭素若しくはよう素化合物製造設備<br>塩化りん製造設備<br>活性炭製造設備<br>ゼラチン又はにかわ製造設備<br>半導体用フォトレジスト製造設備<br>フラットパネル用カラーフィルター、偏光板又は偏光板用フィルム製造設備<br>その他の設備 | 5<br><br>4<br>5<br>5<br>5<br>5<br><br><br>8 |
| 9 | 石油製品又は石炭製品製造業用設備 | | 7 |
| 10 | プラスチック製品製造業用設備（他の号に掲げるものを除く。） | | 8 |
| 11 | ゴム製品製造業用設備 | | 9 |
| 12 | なめし革、なめし革製品又は毛皮製造業用設備 | | 9 |
| 13 | 窯業又は土石製品製造業用設備 | | 9 |
| 14 | 鉄鋼業用設備 | 表面処理鋼材若しくは鉄粉製造業又は鉄スクラップ加工処理業用設備 | 5 |

| | | | |
|---|---|---|---|
| | | 純鉄、原鉄、ベースメタル、フェロアロイ、鉄素形材又は鋳鉄管製造業用設備 | 9 |
| | | その他の設備 | 14 |
| 15 | 非鉄金属製造業用設備 | 核燃料物質加工設備 | 11 |
| | | その他の設備 | 7 |
| 16 | 金属製品製造業用設備 | 金属被覆及び彫刻業又は打はく及び金属製ネームプレート製造業用設備 | 6 |
| | | その他の設備 | 10 |
| 17 | はん用機械器具（はん用性を有するもので、他の器具及び備品並びに機械及び装置に組み込み、又は取り付けることによりその用に供されるものをいう。）製造業用設備（第二〇号及び第二二号に掲げるものを除く。） | | 12 |
| 18 | 生産用機械器具（物の生産の用に供されるものをいう。）製造業用設備（次号及び第二一号に掲げるものを除く。） | 金属加工機械製造設備 | 9 |
| | | その他の設備 | 12 |
| 19 | 業務用機械器具（業務用又はサービスの生産の用に供されるもの（これらのものであつて物の生産の用に供されるものを含む。）をいう。）製造業用設備（第一七号、第二一号及び第二三号に掲げるものを除く。） | | 7 |
| 20 | 電子部品、デバイス又は電子回路製造業用設備 | 光ディスク（追記型又は書換え型のものに限る。）製造設備 | 6 |
| | | プリント配線基板製造設備 | 6 |
| | | フラットパネルディスプレイ、半導体集積回路又は半導体素子製造設備 | 5 |
| | | その他の設備 | 8 |
| 21 | 電気機械器具製造業用設備 | | 7 |
| 22 | 情報通信機械器具製造業用設備 | | 8 |
| 23 | 輸送用機械器具製造業用設備 | | 9 |
| 24 | その他の製造業用設備 | | 9 |
| 25 | 農業用設備 | | 7 |
| 26 | 林業用設備 | | 5 |
| 27 | 漁業用設備（次号に掲げるものを除く。） | | 5 |
| 28 | 水産養殖業用設備 | | 5 |
| 29 | 鉱業、採石業又は砂利採取業用設備 | 石油又は天然ガス鉱業用設備 | |
| | | 　坑井設備 | 3 |

| | | 掘さく設備 | 6 |
|---|---|---|---|
| | | その他の設備 | 12 |
| | | その他の設備 | 6 |
| 30 | 総合工事業用設備 | | 6 |
| 31 | 電気業用設備 | 電気業用水力発電設備 | 22 |
| | | その他の水力発電設備 | 20 |
| | | 汽力発電設備 | 15 |
| | | 内燃力又はガスタービン発電設備 | 15 |
| | | 送電又は電気業用変電若しくは配電設備 | |
| | | 　需要者用計器 | 15 |
| | | 　柱上変圧器 | 18 |
| | | 　その他の設備 | 22 |
| | | 鉄道又は軌道業用変電設備 | 15 |
| | | その他の設備 | |
| | | 　主として金属製のもの | 17 |
| | | 　その他のもの | 8 |
| 32 | ガス業用設備 | 製造用設備 | 10 |
| | | 供給用設備 | |
| | | 　鋳鉄製導管 | 22 |
| | | 　鋳鉄製導管以外の導管 | 13 |
| | | 　需要者用計量器 | 13 |
| | | 　その他の設備 | 15 |
| | | その他の設備 | |
| | | 　主として金属製のもの | 17 |
| | | 　その他のもの | 8 |
| 33 | 熱供給業用設備 | | 17 |
| 34 | 水道業用設備 | | 18 |
| 35 | 通信業用設備 | | 9 |
| 36 | 放送業用設備 | | 6 |
| 37 | 映像、音声又は文字情報制作業用設備 | | 8 |
| 38 | 鉄道業用設備 | 自動改札装置 | 5 |
| | | その他の設備 | 12 |
| 39 | 道路貨物運送業用設備 | | 12 |
| 40 | 倉庫業用設備 | | 12 |
| 41 | 運輸に附帯するサービス業用設備 | | 10 |
| 42 | 飲食料品卸売業用設備 | | 10 |

| 43 | 建築材料、鉱物又は金属材料等卸売業用設備 | 石油又は液化石油ガス卸売用設備（貯そうを除く。） | 13 |
| | | その他の設備 | 8 |
| 44 | 飲食料品小売業用設備 | | 9 |
| 45 | その他の小売業用設備 | ガソリン又は液化石油ガススタンド設備 | 8 |
| | | その他の設備 | |
| | | 　主として金属製のもの | 17 |
| | | 　その他のもの | 8 |
| 46 | 技術サービス業用設備（他の号に掲げるものを除く。） | 計量証明業用設備 | 8 |
| | | その他の設備 | 14 |
| 47 | 宿泊業用設備 | | 10 |
| 48 | 飲食店業用設備 | | 8 |
| 49 | 洗濯業、理容業、美容業又は浴場業用設備 | | 13 |
| 50 | その他の生活関連サービス業用設備 | | 6 |
| 51 | 娯楽業用設備 | 映画館又は劇場用設備 | 11 |
| | | 遊園地用設備 | 7 |
| | | ボウリング場用設備 | 13 |
| | | その他の設備 | |
| | | 　主として金属製のもの | 17 |
| | | 　その他のもの | 8 |
| 52 | 教育業（学校教育業を除く。）又は学習支援業用設備 | 教習用運転シミュレータ設備 | 5 |
| | | その他の設備 | |
| | | 　主として金属製のもの | 17 |
| | | 　その他のもの | 8 |
| 53 | 自動車整備業用設備 | | 15 |
| 54 | その他のサービス業用設備 | | 12 |
| 55 | 前掲の機械及び装置以外のもの並びに前掲の区分によらないもの | 機械式駐車設備 | 10 |
| | | ブルドーザー、パワーショベルその他の自走式作業用機械設備 | 8 |
| | | その他の設備 | |
| | | 　主として金属製のもの | 17 |
| | | 　その他のもの | 8 |

別表第五　公害防止用減価償却資産の耐用年数表

| 種類 | 耐用年数（年） |
|---|---|
| 構築物 | 18 |
| 機械及び装置 | 5 |

別表第六　開発研究用減価償却資産の耐用年数表

| 種類 | 細目 | 耐用年数（年） |
|---|---|---|
| 建物及び建物附属設備 | 建物の全部又は一部を低温室、恒温室、無響室、電磁しやへい室、放射性同位元素取扱室その他の特殊室にするために特に施設した内部造作又は建物附属設備 | 5 |
| 構築物 | 風どう、試験水そう及び防壁 | 5 |
| | ガス又は工業薬品貯そう、アンテナ、鉄塔及び特殊用途に使用するもの | 7 |
| 工具 | | 4 |
| 器具及び備品 | 試験又は測定機器、計算機器、撮影機及び顕微鏡 | 4 |
| 機械及び装置 | 汎用ポンプ、汎用モーター、汎用金属工作機械、汎用金属加工機械その他これらに類するもの | 7 |
| | その他のもの | 4 |
| ソフトウエア | | 3 |

## 参考文献

・固定資産税実務提要（固定資産税務研究会編集）（ぎょうせい）

・償却資産実務の手引き(公益財団法人東京税務協会)（令和3年5月発行）

・固定資産税逐条解説（固定資産税務研究会編）（一般財団法人地方財務協会）
（平成22年6月発行）

・償却資産の実務（自治省税務局固定資産税課編集）（第一法規）（平成元年9
月15日）

令和6年度版

固定資産税における
**償却資産の申告と実務**

令和5年12月4日 印刷
令和5年12月10日 発行

```
┌─────────┐
│ 不  許  │
│         │
│ 複  製  │
└─────────┘
```

編 者 償却資産実務研究会
発行者 鎌 田 順 雄
発行所 法令出版株式会社
〒162-0822
東京都新宿区下宮比町2-28-1114
TEL 03-6265-0826
FAX 03-6265-0827

印刷:モリモト印刷㈱
表紙デザイン:㈱ビークリエイト